吉林全書

雜集編

⑭

吉林文史出版社

圖書在版編目（CIP）數據

松漠紀聞 / (宋) 洪皓撰 . 扈從東巡日録 / (清) 高士奇撰 . -- 長春 : 吉林文史出版社 , 2024. 12.
(吉林全書). -- ISBN 978-7-5752-0838-3

Ⅰ . K293

中國國家版本館 CIP 數據核字第 2024G8S600 號

SONG MO JI WEN　HUCONG DONGXUN RI LU

松漠紀聞　扈從東巡日録

撰　　者　［宋］洪　皓　［清］高士奇
出 版 人　張　强
責任編輯　王　非　李　鷹
封面設計　溯成設計工作室
出版發行　吉林文史出版社
地　　址　長春市福祉大路5788號
郵　　編　130117
電　　話　0431-81629356
印　　刷　吉林省吉廣國際廣告股份有限公司
印　　張　14.5
字　　數　60千字
開　　本　787mm × 1092mm　1/16
版　　次　2024年12月第1版
印　　次　2024年12月第1次印刷
書　　號　ISBN　978-7-5752-0838-3
定　　價　75.00圓

《吉林全書》編纂委員會

總主編　曹路寶

雜集編主編　胡維革　李德山　劉奉文

《吉林全書》學術顧問委員會

學術顧問（按姓氏音序排列）

邴　正　陳紅彦　程章燦　杜澤遜　關樹東　黄愛平　黄顯功　江慶柏

姜偉東　姜小青　李花子　李書源　李　岩　李治亭　厲　聲　劉厚生

劉文鵬　全　勤　王　鍔　韋　力　姚伯岳　衣長春　張福有　張志清

總序

『長白雄東北，嵯峨俯塞州。』吉林省地處中國東北中心區域，是中華民族世代生存融合的重要地域，素有『白山松水』之地的美譽。歷史上，華夏、濊貊、肅慎和東胡族系先民很早就在這片土地上繁衍生息，高句麗、渤海國等中國東北少數民族政權在白山松水間長期存在，以契丹族、女真族、蒙古族、滿族融合漢族在内的多民族形成的遼、金、元、清四個朝代，共同賦予吉林歷史文化悠久獨特的優勢和魅力，決定了吉林文化不可替代的特色與價值，具有緊密呼應中華文化整體而又與衆不同的生命力量，見證了中華民族共同體的融鑄和我國統一多民族國家的形成與發展。

提到吉林，自古多以千里冰封的寒冷氣候爲人所知，一度是中原人士望而生畏的苦寒之地，一派肅殺之氣。再加上吉林文化在自身發展過程中存在着多次斷裂，致使衆多文獻湮没、典籍無徵，一時多少歷史文化精粹『明珠蒙塵』，因此，形成了一種吉林缺少歷史積澱，文化不若中原地區那般繁盛的偏見。實際上，在數千年的漫長歲月中，吉林大地上從未停止過文化創造，自青銅文明起，從先秦到秦漢，再到隋唐直至明清，吉林地區不僅文化上不輸中原地區，還對中華文化産生了深遠的影響，爲後人留下了衆多優秀古籍，涵養着吉林文化的根脉，猶如璀璨星辰，在歷史的浩瀚星空中閃耀着奪目光輝，標注着地方記憶的傳承與中華文明的賡續。我們需要站在新的歷史高度，用另一種眼光去重新審視吉林文化的深邃與廣闊，通過豐富的歷史文獻典籍去閱讀吉林文化的傳奇與輝煌。

吉林歷史文獻典籍之豐富，源自其歷代先民的興衰更替、生生不息。吉林文化是一個博大精深的體系，從左家山文化的『中華第一龍』，到西團山文化的青銅時代遺址，再到二龍湖遺址的燕國邊城，都見證了吉林大地的文明在中國歷史長河中的肆意奔流。早在兩千餘年前，高句麗人的《黄鳥歌》《人參贊》以及《留記》等文史作品就已在吉林誕生，成爲吉林地區文學和歷史作品的早期代表作。高句麗文人之《新集》，渤海國人『疆理雖重海，車書本一家』之詩篇，金代海陵王詩詞中的『一咏一吟，冠絶當時』，再到金代文學的『華實相扶，骨力遒上』，皆凸顯出吉林不遜文教、獨具風雅之本色。

吉林歷史文獻典籍之豐富，源自其地勢四達并流、山水環繞。吉林土地遼闊而肥沃，山河壯美而令人神往，吉林大地可耕可牧、可漁可獵，無門庭之限，亦無山河之隔，進出便捷，四通八達。沈兆禔在《吉林紀事詩》中寫道，『肅慎先徵孔氏書』，印證了東北邊疆與中原交往之久遠。早在夏代，居住於長白山脚下的肅慎族就與中原建立了聯係。一部《吉林通志》，『考四千年之沿革，挈領提綱；綜五千里之方輿，辨方正位』，從時間和空間兩個維度，寫盡吉林文化之淵源深長。

吉林歷史文獻典籍之豐富，源自其民風剛勁、民俗絢麗。《長白徵存録》寫道，『日在深山大澤之中，伍鹿豕、耦虎豹，非素嫻技藝，無以自衛』，描繪了吉林民風的剛勁無畏，爲吉林文化平添了幾分豪放之感。清代藏書家張金吾也在《金文最》中評議，『知北地之堅强，絶勝江南之柔弱』，足可見，吉林大地與生俱來的豪健英杰之氣。同時，與中原文化的交流互通，也使邊疆民俗與中原民俗相互影響、不斷融合，既體現出敢於拼搏、鋭意進取的開拓精神，又兼具脚踏實地、穩中求實的堅韌品格。

吉林歷史文獻典籍之豐富，源自其諸多名人志士、文化先賢。自古以來，吉林就是文化的交流彙聚之地，從遼、金、元到明、清，每一個時代的文人墨客都在這片土地留下了濃墨重彩的文化印記。特别是，清代東北流人的私塾和詩社，爲吉林注入了新的文化血液，用中原的文化因素教化和影響了東北的人文氣質和文化形態；至近代以『吉林三杰』宋小濂、徐鼐霖、成多禄爲代表的地方名賢，以及寓居吉林的吴大澂、金毓黻、劉建封等文化名家，將吉林文化提升到了一個全新的高度，他們的思想、詩歌、書法作品中無一不體現着吉林大地粗狂豪放、質樸豪爽的民族氣質和品格，滋養了孜孜矻矻的歷代後人。

盛世修典，以文化人，是中華民族延續至今的優良傳統。我們在歷史文獻典籍中尋找探究有價值、有意義的歷史文化遺産，於無聲中見證了中華文明的傳承與發展。吉林省歷來重視地方古籍與檔案文獻的整理出版。自二十世紀八十年代以來，李澍田教授組織編撰的《長白叢書》，開啓了系統性整理、組織化研究吉林文獻典籍的先河，贏得了『北有長白，南有嶺南』的美譽；進入新時代以來，鄭毅教授主編的《長白文庫》叢書，繼續肩負了保護、整理吉林地方傳統文化典籍，弘揚民族精神的歷史使命，從大文化的角度折射出吉林文化的繽紛异彩。隨着《中國東北史》和《吉林通史》等一大批歷史文化學術著作的問世，形成了獨具吉林特色的歷史文化研究學術體系和話語體系，對融通古今、賡續文脉發揮了十分重要的作用。正是擁有一代又一代富有鄉邦情懷的吉林文化人的辛勤付出和豐碩成果，使我們具備了進一步完整呈現吉林歷史文化發展全貌，淬煉吉林地域文化之魂的堅實基礎和堅定信心。

當前，吉林振興發展正處在滚石上山、爬坡過坎的關鍵時期，機遇與挑戰并存，困難與希望同在。站在這樣的歷史節點，迫切需要我們堅持高度的歷史自覺和人文情懷，以文獻典籍爲載體，全方位梳理和展示吉林政治、經濟、社會、文化發展的歷史脉絡，讓更多人瞭解吉林歷史文化的厚度和深度，感受這片土地獨有的文化基因和精神氣質。

鑒於此，吉林省委、省政府作出了實施《吉林全書》編纂文化傳承工程的重大文化戰略部署，這不僅是深入學習貫徹習近平文化思想、認真落實黨中央關於推進新時代古籍工作要求的務實之舉，也是推進吉林優秀傳統文化保護傳承、建設文化强省的重要舉措。歷史文獻典籍是中華文明歷經滄桑留下的最寶貴的東西，是吉林優秀歷史文化『物』的載體，彙聚了古人思想的寶藏、先賢智慧的結晶。對歷史最好的繼承，就是創造新的歷史。傳承延續好這些寶貴的民族記憶，就是要通過深入挖掘古籍蘊含的哲學思想、人文精神、價值理念、道德規範，推動中華優秀傳統文化創造性轉化、創新性發展，作用于當下以及未來的經濟社會發展，更好地用歷史映照現實、遠觀未來。這是我們這代人的使命，也是歷史和時代的要求。

從《長白叢書》的分散收集，到《長白文庫》的萃取收録，再到《吉林全書》的全面整理，以歷史原貌和文化全景的角度，進一步闡釋了吉林地方文明在中華文明多元一體進程中的地位作用，講述了吉林人民在不同歷史階段爲全國政治、經濟、文化繁榮所作的突出貢獻，勾勒出吉林文化的質實貞剛和吉林精神的雄健磊落、慷慨激昂，引導全省廣大幹部群衆更好地瞭解歷史、瞭解吉林，挺起文化脊梁、樹立文化自信，不斷增强砥礪奮進的恒心、韌勁和定力，持續激發創新創造活力，提振幹事創業的精氣神，爲吉林高品質發展明顯進位、全面振興取得新突破提供有力文化支撑，彙聚强大精神力量。

爲扎實推進《吉林全書》編纂文化傳承工程，我們組建了以吉林東北亞出版傳媒集團爲主體，涵蓋高等院校、研究院所、新聞出版、圖書館、博物館等多個領域專業人員的《吉林全書》編纂委員會，并吸收國内知名清史、民族史、遼金史、東北史、古典文獻學、古籍保護、數字技術等領域專家學者組成顧問委員會，經過認真調研、反復論證，形成了《〈吉林全書〉編纂文化傳承工程實施方案》，確定了『收集要全、整理要細、研究要深、出版要精』的工作原則，明確提出在編纂過程中不選編、不新創，尊重原本、致力全編，力求全方位展現吉林文化的多元性和完整性。在做好充分準備的基礎上，《吉林全書》編纂文化傳承工程於二〇二四年五月正式啓動。

爲高質量完成編纂工作，編委會對吉林古籍文獻進行了空前的彙集，廣泛聯絡國内衆多館藏單位，尋訪民間收藏人士，重點以吉林省方志館、東北師範大學圖書館、長春師範大學圖書館、吉林省社科院爲收集源頭開展了全面的挖掘、整理和集納；同時，還與國家圖書館、上海圖書館、南京圖書館、遼寧省圖書館、吉林省圖書館、吉林市圖書館等館藏單位及各地藏書家進行對接洽談，獲取了充分而精准的文獻信息。同時，專家學者們也通過各界友人廣徵稀見，在法國國家圖書館、日本國立國會圖書館、韓國國立中央圖書館等海外館藏機構搜集到諸多珍貴文獻。在此基礎上，我們以審慎的態度對收集的書目進行甄別、分類、整理和研究，形成了擬收録的典藏文獻名録，分爲著述編、史料編、雜集編和特編四個類別。此次編纂工程不同於以往之處，在於充分考慮吉林的地理位置和歷史變遷，將散落海内外的日文、朝鮮文、俄文、英文等不同文字的相關文獻典籍一并集納收録，并以原文搭配譯文的形式收於特編之中。截至目前，我們已陸續對一批底本最善、價值較高的珍稀古籍進行影印出版，爲館藏單位、科研機構、高校院所以及歷史文化研究者、愛好者提供參考和借鑒。

『周雖舊邦，其命維新』，文獻典籍最重要的價值在於活化利用。編纂《吉林全書》并不意味着把古籍束之高閣，而是要在『整理古籍、複印古書』的基礎上，加强對歷史文化發展脉絡的前後貫通、左右印證，更好地服務於對吉林歷史文化的深入挖掘研究。爲此，我們同步啓動實施了『吉林文脉傳承工程』，旨在通過『研究古籍、出版新書』，讓相關學術研究成果以新編新創的形式著述出版，借助歷史智慧和文化滋養，通過創造性轉化、創新性發展，探尋當前和未來的發展之路，以守正創新的正氣和鋭氣，賡續歷史文脉、譜寫當代華章。

做好《吉林全書》編纂文化傳承工程是一項『汲古潤今，澤惠後世』的文化事業，責任重大、使命光榮。我們將秉持敬畏歷史、敬畏文化之心，以精益求精、止於至善的工作信念，上下求索、耕耘不輟，爲實現文化種子『藏之名山，傳之後世』的美好願景作出貢獻。

《吉林全書》編纂委員會

二〇二四年十二月

凡例

一、《吉林全書》（以下簡稱《全書》）旨在全面系統收集整理和保護利用吉林歷史文獻典籍，傳播弘揚吉林歷史文化，推動中華優秀傳統文化傳承發展。

二、《全書》收録文獻地域範圍，首先依據吉林省當前行政區劃，然後上溯至清代吉林將軍、寧古塔將軍所轄區域内的各類文獻。

三、《全書》收録文獻的時間範圍，分爲三個歷史時段，即一九一一年以前，一九一二至一九四九年，一九四九年以後。每個歷史時段的收録原則不同，即一九一一年以前的重要歷史文獻，收集要『全』；一九一二至一九四九年間的重要典籍文獻，收集要『精』；一九四九年以後的著述豐富多彩，收集要『精益求精』。

四、《全書》所收文獻以『吉林』爲核心，着重收録歷代吉林籍作者的代表性著述，流寓吉林的學人著述，以及其他以吉林爲研究對象的專門著述。

五、《全書》立足於已有文獻典籍的梳理、研究，不新編、新著、新創。出版方式是重印、重刻。

六、《全書》按收録文獻内容，分爲著述編、史料編、雜集編和特編四類。

著述編收録吉林籍官員、學者、文人的代表性著作，亦包括非吉林籍人士流寓吉林期間創作的著作。作品主要爲個人文集，如詩集、文集、詞集、書畫集等。

史料編以歷史時間爲軸，收録一九四九年以前的歷史檔案、史料、著述，包含吉林的考古、歷史、地理資料等；收録吉林歷代方志，包括省志、府縣志、專志、鄉村村約、碑銘格言、家訓家譜等。

雜集編收録關於吉林的政治、經濟、文化、教育、社會生活、人物典故、風物人情的著述。

特編收録就吉林特定選題而研究編著的特殊體例形式的著述。重點研究認定『滿鐵』文史研究資料和東北亞各民族不同語言文字的典籍等。關於特殊歷史時期，比如，東北淪陷時期日本人以日文編寫的『滿鐵』資料作爲專題進行研究，以書目形式留存，或進行數字化處理。開展對滿文、蒙古文，高句麗史、渤海史、遼金史的研究，對國外研究東北地區史和高句麗史、渤海史、遼金史的研究成果，先作爲資料留存。

七、《全書》出版形式以影印爲主，影印古籍的字體版式與文獻底本基本保持一致。

八、《全書》整體設計以正十六開開本爲主，對於部分特殊内容，如，考古資料等書籍采用一比一的比例還原呈現。

九、《全書》影印文獻每種均撰寫提要或出版説明，介紹作者生平、文獻内容、版本源流、文獻價值等情況。影印底本原有批校、題跋、印鑒等，均予保留。底本有漫漶不清或缺頁者，酌情予以配補。

十、《全書》所收文獻根據篇幅編排分册，篇幅適中者單獨成册，篇幅較大者分爲序號相連的若干册，篇幅較小者按類型相近或著作歸屬原則數種合編一册。數種文獻合編一册以及一種文獻分成若干册的，頁碼均單排。若一本書中收録兩種及以上的文獻，將設置目録。各册按所在各編下屬細類及全書編目順序編排序號，全書總序號則根據出版時間的先後順序排列。

目録

古籍底本由國家圖書館提供

松漠紀聞

［宋］洪皓 撰

提要

《松漠紀聞》［宋］洪皓撰。有續一卷，補遺一卷。洪皓（一〇八八—一一五五），宋鄱陽鄱州（今江西鄱陽）人。字光弼。北宋政和五年（一一一五）進士。南宋建炎三年（一一二九），以徽猷閣待制、假禮部尚書充大金通問使至金，被金羈留，後流放至冷山（今黑龍江五常一帶），南宋紹興十三年（一一四三）始放歸。洪皓陷金十五年，曾將在金所見所聞隨筆纂録，及歸，懼金搜獲，悉付諸火。後在嶺南被貶期間，將在金見聞追述一二，子洪適、洪遵在旁筆録之。洪皓去世後，子洪適、洪遵始先後刊行。

《松漠紀聞》是較早記述東北故實的一部私人撰述，文字簡練，一事一記，涉及東北地區山川地理、風土習俗、經濟物産、禮儀制度及軍國大事等内容。《松漠紀聞》三十一事，涉及女真族族源、金國建立、遼代衰亡、民族禮法等；《松漠紀聞續》二十七事，涉及金人科舉、道里山川、朝聘慶賀等内容。今存明刻本，藏上海圖書館；清乾隆四十一年（一七七六）吴翌鳳抄本，有吴翌鳳校并跋，屠寄校，藏上海圖書館；清抄本，爲四庫底本，藏國家圖書館；《四庫全書》本；《遼海叢書》本；《長白叢書》本等。

爲盡可能保存古籍底本原貌，本書做影印出版，因此，書中個别特定歷史背景下的作者觀點及表述内容，不代表編者的學術觀點和編纂原則。

松漠記聞

宋洪皓輯

女真即古肅慎國也、東漢謂之挹婁、元魏謂之勿吉、隋唐謂之靺鞨、開皇中、遣使貢獻、文帝因宴勞之、使者及其徒起舞於前、曲折皆為戰鬥之狀、「上謂侍臣曰、天地間乃有此物、常作用兵意」、其屬分六部、有黑水部、即今之女真、其水掬之則色微黑、契丹目為混同江、其江甚深、狹處可六七十步、闊處至百步、唐太宗征高麗、靺鞨佐之、戰甚力、駐驆之敗、高延壽高惠真以衆及靺鞨兵十餘萬來降，木宗悉縱之，獨坑靺鞨十十人。開元中，其酋魁来朝，拜為勃利州刺史，遂置黑水府，以部長為都督、刺史，朝廷為置長吏監之，賜府都督姓李氏，訖唐世朝獻不絕。五代時始稱女真，後唐明宗時，嘗寇登州，渤海擊走之。其後避契丹諱，更為女直，（契丹之諱曰宗真）俗訛為女質。居混同江之南者，謂之熟女真，以其服屬契丹也。江之北為生女真，亦臣于契丹。後有酋豪族受其宣命為首領者，號太師。契丹自賓州混同江北八十餘里建寨以守。予嘗自賓涉江過其寨、守禦已廢、所存者數十家耳、女真[redacted]之主乃新羅人、號完顏氏、完顏猶漢言王也、女真以其練事、後隨以首領讓之、兄弟三人、一為熟女真[redacted]之長、號萬戶、其一適他國、完顏年六十餘、女真妻之以女、亦六十餘生二子、其長即胡來也、自此傳三人、至楊哥太師無子、以其姪阿骨打之弟謚曰文烈者為子、其後楊哥生子闉辣、乃令文烈歸宗、

金主九代祖名龕福、追謚景元皇帝、號始祖、配曰明懿皇后、八代祖名訛魯、追謚德皇帝、配曰思皇后、七

代祖名佯海、追謚安皇帝、配曰節皇后、六代祖名隨闊追謚定昭皇帝、號獻祖、配曰恭靖皇后、五代祖字堇名實魯追謚成襄皇帝、號昭祖、配曰威順皇后、高祖太師名胡来追謚惠（桓　諱欽宗廟）皇帝、號景祖、配曰昭肅皇后、曾祖太師名核里頗追謚聖肅皇帝、號世祖、配曰翼簡皇后、曾叔祖太師名蒲剌束追謚穆憲皇帝、號肅宗、配曰靜宣皇后、曾季祖太師名楊哥追謚孝平皇帝號穆宗、配曰貞惠皇后、伯祖太師名吳剌束追謚恭簡皇帝、號康宗配曰敬僖皇后、（太）祖名旻世祖第二子、咸雍四年、歲在戊申生、即阿骨打也、滅契丹、謚大聖武元皇帝、號太祖、同母弟二人、長曰吳乞買、次曰撒也、阿骨打卒、吳乞買立、更名晟、謚文烈皇帝、號太宗、配曰明德皇后、今主名亶、阿骨打之孫、繩果之子、繩果追謚景宣皇帝、亶之配曰屠始坦氏、

金太祖

阿骨打八子、正室生繩果、於次為第五、又生第七子、乃燕京留守易王之父、正室卒、其繼室立、亦生二子、長曰二太子、為東元帥、封許王、南歸至燕而卒、次生第六子、曰蒲路虎、為兗王、太傅領尚書省事、長子固

碖（力木切）側室所生、為太師涼國王領尚書省事、第三曰三太子、為左元帥、與四太子同母、四太子即兀朮為越王行臺尚書令、第八子曰邢王、為燕京留守、打毬墜馬死、固倫以下、皆為奴婢、繩果死、其妻為固倫所收故、今主養於固倫家、及吳乞買卒、其子宋國王與固倫粘罕爭立、以今主為嫡、遂立之、吳乞買太宗乙卯年卒、長子曰宗磐、為宋王、太傅領尚書省事、與滕王、虞王皆為悟室所誅、次曰賢、為沂王、燕京留守、次曰滕王、虞王、袁王撒也、稱揞（鄔感切）板（揞扳彼云）

㊉孛極烈吳乞買時為儲君、嘗謀盡誅南人、闍辣封魯王、為都元帥、後被誅、其子太拽馬亦被囚、因赦得出、庶子烏拽馬名昂字勉道、今為平章、粘罕者、吳乞買三從兄弟、名宗幹、小名烏家奴、~~本由粘漢言其貌類漢兒也~~、其父即阿盧里移賚、粘罕為西元帥、後雖貴、亦襲父官、稱曰阿盧里移賚孛極烈、都元帥、孛極烈、彼云大官人也、其庶弟名宗憲、字吉甫、好讀書甚賢、

悟室者、女真人、~~悟作郎賁或云悟朱~~名希尹、封陳王、

為左相、誅宋兖滕虞凡七十二王、後為兀朮族誅、回鶻自唐末浸微、本朝盛時、有入居秦川為熟戶者、女真破陝、悉徙之燕山、甘涼瓜沙、舊皆有族帳、後悉羈縻于西夏、唯居四郡外地者、頗自為國、有君長、其人卷髮深目、眉脩而濃、自眼睫而下多虬髯、土多瑟瑟珠玉、帛有兜羅緜毛氎狨錦注絲熟綾斜褐、藥有膃肭臍、硇砂、香有乳香安息篤耨、善造賓鐵刀劍烏金銀器、多為商賈於燕、載以橐它、過夏地、夏人率十而指一、必得其最上品者、賈人苦之、後以物美惡雜

每齋必刲羊

蹇

貯毛連中、毛連以羊毛緝之、單其中兩頭為袋、以毛繩或線封之有甚麁者有間以雜色毛者則輕細然所征亦不貲、其來浸熟、始厚賂稅吏、密識其中下品者、俾指之、尤能別珍寶、蕃漢為市者、非其人為儈則不能售價、奉釋氏最甚、共為一堂、塑佛像其中、每齋必刲羊、或酒酣、以指染血塗佛口、或捧其足而鳴之、謂為親敬、誦經則衣袈裟、作西竺語、燕人或俾之祈禱多驗、婦人類男子白皙、著青衣、如中國道服、然以薄青紗羃首、而見其面、其居秦川時、女未嫁者先與漢人通、有生數子年近三十始能配其種類媒妁來議者父母則曰吾女嘗與某人某人昵以多為勝風俗皆然其在燕者皆久居業成能以金相瑟瑟為首飾如釵頭形而曲一二寸如古之笄形又善結金線相瑟瑟為珥及巾環織熟錦熟綾注絲線羅等物又以五色線織成袍名曰剋絲甚華麗又善撚金線別作一等背織花樹用粉繳經歲則不佳唯以指撚達靼辛酉歲金國肆青皆許西歸多留不反今亦有目微深而髯不虬者蓋與漢兒通而生也

嗢熱者國最小不知其始所居後為契丹徙置黃龍

府南百餘里曰賓州、州近混同江、即古之粟末河黑水也、部落雜處、以其族類之長為千戶統之、契丹女真貴游子弟、及富家兒、月夕被酒、則相率携尊馳馬戲飲其地、婦女聞其至、多聚觀之、間令侍坐、與之酒則飲、亦有起舞歌謳以侑觴者、邂逅相契、調謔往反、即載以歸、不為所顧者、至追逐馬足不遠數里、其携去者父母皆不問、留數歲有子、始具茶食酒數車歸寧、謂之拜門、因執子壻之禮、其俗謂男女自媒勝於納幣而昏者、飲食皆以木器、好寘蠱他人、欲其不驗、

者、云三彈指於器上、則其毒自解、亦間有遇毒而斃
者、族多李姓、予頃與其千戶李靖相知、靖二子亦習
進士舉、其姪女嫁為悟室子婦、靖之妹曰金哥、為金
主之伯故論側室、其嫡無子、而金哥所生、今年約二
十餘、頗好延接儒士、亦讀儒書、以光祿大夫為吏部
尚書、其父亦託宇文虛中高士談趙伯璘為誌、高宇文
以趙貧、命趙為之、而二人書篆其文額、所濡甚厚、曾
在燕識之、亦學弈象戲點茶、請以光祿知同州、冒墨
有素、今亡矣、其論議亦可聽、本制皆如漢兒

正大

渤海國去燕京女真所都皆千五百里、以石累城足
東並海、其王舊以大為姓、右姓曰高張楊竇烏、李、不
過數族部曲奴婢無姓者皆從其主、婦人皆悍妬、大
氏與他姓相結為十姊妹、迭幾察其夫、不容側室、及
他游、聞則必謀寘毒死其所愛、一夫有所犯、而妻不
之覺者、九人則羣聚而詬之、爭以忌嫉相夸、故契丹
女真諸國皆有女倡、而其良人皆有小婦侍婢、唯渤
海無之、男子多智謀、驍勇出他國右、至有三人渤海
當一虎之語、契丹阿保机滅其王大諲譔、徙其名帳

千餘戶于燕、給以田疇、捐其賦入、往來貿易、關市皆不征、有戰則用為前驅、天祚之亂、其聚族立姓大者於舊國為王、金人討之、軍未至、其貴族高氏棄家來降、言其虛實、城後陷、契丹所遷民益蓄、至五千餘戶、勝兵可三萬、金人慮其難制、頻年轉戍山東、每徙不過數百家、至辛酉歲、盡驅以行、其人大怨、富室安居踰二百年、往往為園池、植牡丹、多至三二百本、有數十幹叢生者、皆燕地所無、纔以十數千或五千賤貿而去、其居故地者、今歸契丹、舊為東京、置留守、有蘇扶等州、蘇與中國登州青州相直、每大風順、隱〻聞鷄犬聲、阿保機長子東丹王贊華封於此、謂之人皇王、不得立、鞅鞅、嘗賦詩曰、小山壓大山、大山全無力、羞見當鄉人、從此投外國、遂自蘇乘筏浮海歸唐、明宗、善畫馬、好經籍、猶以筏載行、其國初倣唐置官司、國少浮圖、氏有趙崇德者、為燕都運、未六十餘休致為僧、自為大院、請燕竹林寺慧日師住持、約供衆僧三年費、竹林乃回、明人趙與予相識頗久、

古肅慎城四面約五里餘、遺堞尚在、在渤海國都外三

十里、亦以石累城脚、

黃頭女真者、皆山居、號合蘇館女真、合蘇館河西亦有之、有八館在黃河東、今皆屬金人、與金粟城五花城隔河相近、二城八館舊屬契丹、今屬夏人、金人約以兵取關中、以三城八館報之、後背約、再取八館、而三城在河西、屢爭不得、其一城忘其名、其人戇愚朴勇鷙、不能別死生、金人每出戰、皆被以重札、令前驅、謂之硬軍、後役之、益苛、廩給既少、遇鹵掠所得、復奪之、不勝忿、天會十一年遂叛、興師討之、但守遏山下、不敢登其巢穴、經二年出鬬而敗、復降、疑即黃頭室韋也、金國謂之黃頭生女真、髭髮皆黃、目精多綠、亦黃、

删 删

而白多因避契丹諱遂稱黃頭女真
盲骨子契丹事迹謂之朦骨國即唐書所謂蒙兀部
大遼道宗朝有漢人講論語至北辰居所而衆星共
之道宗曰吾聞北極之下為中國此豈其地耶至夷
狄之有君疾讀不敢講則又曰上世獯鬻獫狁蕩無
禮法故謂之夷吾修文物彬彬不異中華何嫌之有
卒令講之
道宗末年阿骨打來朝以悟室從與遼貴人雙陸貴
人投瓊不勝妄行馬阿骨打憤甚拔小佩刀欲剚之悟

室急以手握鞘、骨打止得其柄、扶其胄不死、道宗怒、侍臣以其強悍、咸勸誅之、道宗曰吾方示信以待遠人、不可殺、或以王衍縱石勒、張守珪赦安祿山、終致後害為言、亦不聽、卒歸之、至叛遼、用悟室為謀主、骨打且死、囑其子固倫善待之、

刪

遼盛時、銀牌天使至女真、每夕必欲薦枕者、其國舊輪中下戶作止宿處、以未出適女待之、後來海東青使者絡繹、恃大國使命、惟擇美好婦人、不問其有夫及閥閱高者、女真浸忿、遂叛

初女真有戎器、而無甲、遼之近親、有以衆叛、間入其境上、為女真一酋、說而擒之、得甲首五百、女真賞其酋為何盧里移賚（彼云第三箇官人、亦呼為相公、）既起師、才有千騎、用其五百甲攻破寧江州、遼衆五萬禦之、不勝、復信遣之、亦折北、遂益至二十萬、女真以衆寡不敵、謀降、大酋粘罕悟室婁宿等曰、我殺遼人已多、降必見勦、不若以死拒之、時勝兵至三千、既連敗遼師、器甲益備、與戰復克、天祚乃發蕃漢五十萬親征、大將余都姑謀廢之、立其庶長子趙王、謀泄、以前軍十萬降、遼軍大震、天祚怒、國人叛已、命漢兒遇契丹則殺之、初遼制契丹人殺漢兒者皆不加刑、至是攄其宿憤見者必死、國中駭亂、皆莫為用、女真乘勝入黃龍府五十餘州、浸逼中京、（中京古白霫城）天祚懼、遣使立阿骨打為國王、阿骨打留之、遣人邀請十事、欲冊帝為兄弟國、及尚主、使数往反、天祚不得已、欲帝之、而他請益堅、天祚怒曰、小夷乃欲偶吾女邪、囚其使不報、已而中京被圍、跳至上京、過燕、遂投西夏、夏人雖舅甥國、畏女真之強、不果納、初大觀中、本朝遣林攄使遼、遼人

命習儀、攄惡其屑屑、以蕃衍詆佯使、天祚曰、大宋兄
弟之邦、臣吾臣也、今辱吾左右、與辱我同、欲致之死、
在廷恐兆釁、皆泣諫、止杖半百而釋之、時天祚窮將
來歸、以是故恐不加禮、乃走小勃律、復不納、乃夜囘
欲之雲中、未明、遇諜者、言婁宿軍且至、天祚大驚、時
從騎尚千餘、有精金鑄佛長丈有六尺者、他寶貨稱
是、皆委之而遁、值天微雪、車馬皆有轍跡、為敵所及、
先遣近貴諭降、未復、婁宿下馬、跽于天祚前曰、奴婢
不佞、乃以介冑犯皇帝天威、死有餘罪、因捧觴而進、

遂俘以還，封海濱王，處之東海上。其初，是河西也。國人立其季父於燕，俄歿，以其妻代，後與郭藥師來降，所謂蕭太后者。

寧江州去冷山百七十里，地苦寒，多草木，如桃李之類皆成園。至八月，則倒置地中，封土數尺，覆其枝幹，季春出之，厚培其根，否則凍死。每春冰始泮，遼主必至其地，鑿冰釣魚，放弋為樂。女真率来獻方物，若貂鼠之屬，各以所產量輕重而打博易之，打女真。後多強取，女真始怨。暨阿骨打起兵，首破此州，馴致亡國。也遼亡大實林牙亦降、大實小名、林牙猶翰林學士、遼俗人舉以小名居官上、後與粘罕雙陸爭道、粘罕心欲殺之而口不言、大實懼、及既歸帳、即棄其妻、携五子宵遁、詰旦粘罕怪其日高而不來、使召之、其妻曰、昨夕以酒忤大人、畏罪而竄、詢其所之、不以告、粘罕大怒、以配部落之最賤者、妻不肯、屈強之、極口嫚罵、遂射殺之、大實深入沙子立天祚之子梁王為帝而相之、女真遣故遼將余都姑帥兵經畧、屯田于合董城、城去上京三千里、大實游騎數十出入軍前、余都姑遣使打話、遂退、沙子者、蓋不毛之地、皆平沙廣漠、風起揚塵、至不能辨色、或平地頃刻高數丈、絶無水泉、人多渴死、大實之走、凡三晝夜始得度、故女真不敢窮追、遼御馬數十萬、牧干磧外、女真以絶遠未之取、皆爲大實所得、今梁王大實皆亡、餘黨猶居其地、

合董之役、令山西河北運糧給軍、予過河陰縣、令以病解、獨簿出迎、以線繫槐枝垂綠袍上、命之坐、懇辭、叩其故、以實言曰、縣饋餉失期、令被撻柳條百、慙不敢出、其冗羅此罰、痛楚特甚、故不可坐、創未愈、懼爲

腋氣所侵、故帶槐以辟之、

余都姑之降金人以為西軍大監軍、久不遷、常鞅鞅、其軍合董也、失其金牌、金人疑其與林牙暗合、遂質其妻子、余都姑有叛心、明年九月、約燕京統軍反、統軍之兵皆契丹人、余都姑謀誅西軍之在雲中者、盡約雲中河東河北燕京郡守之契丹漢兒、令誅女真之在官在軍者、天德知軍偽許之、遣其妻來告、時悟室為西監軍、自雲中來燕、微聞其事而未信、與通事漢兒那也回、行數百里、那也見二騎馳甚遽、問之曰、曾見監軍否、以不識對、問為誰、曰余都下人、邪也追及悟室曰、適兩契丹云、余都下人、既在西京、何故不識監軍、（北人稱雲中為西京、）恐有姦謀、遂回馬追獲之、搜其靴中、得余都書曰、事已泄、宜便下手、復馳告悟室、郎回燕、統軍來謁、縛而誅之、又二日至雲中、余都微覺、父子以遊獵為名、遁入夏國、人問有兵幾何、云親兵二三百、遂不納、投達靼、達靼先受悟室之命、其首領詐出迎、具食帳中、潛以兵圍之、達靼善射、無衣甲、余都出敵不勝、父子皆死、凡預謀者悉誅、契丹之黠、漢兒之

有聲者、皆不免、

金國舊俗多指腹為婚姻、既長、雖貴賤殊隔、亦不可渝、壻納幣皆先期拜門、戚屬偕行、以酒饌往、少者十餘車、多至十倍、飲客佳酒、則以金銀罍貯之、其次以瓦罍列於前、以百數、賓退則分餉焉、男女異行而坐、先以烏金銀盃酌飲、貧以木者、酒三行、進大軟脂、小軟脂、如中國寒具、蜜糕、以松實胡桃肉漬蜜和糯粉為之、形或方、或圓、或為柿蔕花、大畧類浙中實指糕、人一盤、曰茶食、宴罷、富者瀹建茗、留上客數人啜之、或以麤者煎乳酪、婦家無大小、皆坐炕上、壻黨羅拜其下謂之男下女禮畢婿牽馬百匹少者十匹陳其前婦翁選子姓之別馬者視之塞痕則留好辣辣則退婢留者不過什二三或皆不中選婿所乘亦以充數大氏以留馬少為耻女家亦以視其數而厚薄之一馬則報衣一襲婿皆親迎既成昏留婦氏執僕隸役雖行酒進食皆躬親之三年然後以婦歸婦氏用奴婢數十戶奴曰亞海婢曰亞海軫牛馬十數群每群九牸一牡以資遣之夫謂妻為薩那罕妻謂夫為愛根契丹男女拜皆同其一足跪一足着地以手動為

節數止於三、彼言揑骨地者、即跪也、

女真舊絶小正朔所不及、其民皆不知紀年、問之則曰我見草青幾度矣、蓋以草一青為一歲也、自興兵以後浸染華風、酋長生朝、皆自擇佳辰、粘罕以正旦、悟室以元夕、烏捜馬以上巳、其他如重午七夕重九中秋中下元四月八日皆然、亦有用十一月旦者、謂之周正、金主生於七月七日、以國忌用次日、今朝廷遣賀使、以正月至彼、蓋循契丹故事、不欲使人兩至也、金國治盜甚嚴每捕獲論罪外皆七倍責償唯正月十六日則縱偷一日以為戲[redacted]寶貨車馬為人所竊皆不加刑是日人皆嚴備遇偷至則笑遣之既無所獲雖畚钁微物亦携去婦人至顯入人家伺主者出接客則縱其婢妾盜飲器他日知其主名或偷者自言大則具茶食以贖謂羊酒饌之類餚次則携壺小亦打餻取之亦有先與室女私約至期而竊去者女願留則聽之自契丹以來皆然今燕亦如此

女真舊不知歲月如燈夕皆不曉己酉歲有[redacted]僧

被掠至其闕，遇上元，以長竿引燈毬，表而出之以為戲。~~吳乞買~~金主見之大駭，問左右曰：得非星邪？左右以實對。時有南人謀變，事泄而誅。故~~吳乞買~~金主疑之，曰：是人欲嘯聚為亂，剋日時立此以為信耳。命殺之。後數年至燕，頗識之，至今遂盛。

金~~國~~俗奉佛尤謹，~~帝后見像設皆梵拜~~，公卿詣寺，則僧坐上坐。燕京蘭若相望，大者三十有六，然皆律院。自南僧至，始立四禪，曰太平、招提、竹林、瑞像。貴遊之家多為僧衣盂（衣鉢也），甚厚。延壽院主有質坊二十八所。

僧職有正副判錄、或呼司空、遼代僧有兼官至檢校司空者、故名稱尚存
出則乘馬佩印、街司五伯各二人前導凡僧事無所
不統有罪者得撻之、其徒以為榮、出家者無買牒之
費、金主以生子肆赦令燕雲汴三臺普度、凡有師者
皆落髮、奴婢欲脫隸役者、纔以數千、屬請即得之、得度
者亡慮三十萬、舊俗姦者不禁近法益嚴立賞三百
千、它人得以告捕、嘗有家室則許之歸俗、通平民者
杖背流遞、僧尼自相通及犯品官家者皆死、
蒲路虎性愛民、所居官必復租薄征、得蕃漢間心、但

時有酒過後除東京留守治渤海城勅令止飲行未抵治所有一僧以榛柃瀴盂遮道而獻榛柃木多文縷可愛多用為椀曰可以酌酒路虎曰皇帝臨遣時宣戒我勿得飲爾何人乃欲以此器導我耶顧左右令窪勃辣駭彼云擊殺也即引去行刑者哀其亡辜擊其腦不力欲令宵遁而以死告未畢復呼使前僧被血淋漓路虎曰所以獻我者意安在對曰大王仁慈正直百姓喜幸故致奉此為壽無他志也路虎意解欲釋之詢其鄉以渤海對路虎笑曰汝聞我来用此相鶻突耳豈可赦也

卒殺之、又於道遇僧尼五輩、共輦而載、召而責之曰、汝曹羣遊、已冒法、而乃敢顯行吾前耶、皆射殺之、金國之法、國人官漢地者、皆置通事、即譯語官也、或以有官人為之、上下重輕、皆出其手、得以舞文招賄、三二年皆致富、民俗苦之、有銀珠哥大王者、銀珠者、行第六十也、以戰多貴顯、而不熟民事、嘗留守燕京、有民數十家負富僧金六七萬緡、不肯償、僧誦言欲申訴、逋者大恐、相率賂通事、祈緩之、通事曰、汝輩所負不貲、今雖稍遷延、終不能免、苟能厚謝我、為汝致其死、皆欣然許諾、僧既陳牒跪聽命，通事潛易它紙，譯言曰：久旱不雨，僧欲焚身動天，以蘇百姓。銀珠笑，即書牒尾稱塞痕者再。庭下已有牽攏官二十輩驅之出。僧莫測所以，扣之，則曰：塞痕，好也。狀行矣。須臾出郭，則逋者已先期積薪擁僧於上，四面舉火，號呼稱冤，不能脫，竟以焚死。

刪

胡俗舊無儀法，君民同川而浴，肩相摩于道。民雖殺雞，亦召其君同食，炙股烹脯（音蒲，肉也），以餘肉和虀菜擣臼中，糜爛而進，率以為常。吳乞買稱帝，亦循故態。今金主方革之。

全國新制、大氐依倣中朝法律至皇統三年、頒行其法有創立者、率皆自便、如毆妻至死、非用刃者不加刑、以其側室多、恐正室妬忌、漢兒婦莫不唾罵以為古無此法曾臧獲不若也、

北人重赦、無郊霈、予銜命十五年、才兩見赦、一為余都姑叛、一為皇子生、

盲骨子其人長七八尺、捕生麋鹿食之、金人嘗獲數輩至燕、其目能視數十里、秋毫皆見、蓋不食煙火故眼明、與金人隔一江、常度江之南為寇、禦之則返無

如之何、

金國天會十四年、四月、中京小雨、大雷震、羣犬數十爭赴土河而死、所可救者、纔二三爾

松漠記聞卷上

續松漠記聞

宋洪皓輯

冷山去燕山三千里、去金國所都二百餘里、皆不毛之地、乙卯歲有二龍不辨名色身高丈餘、相去數步而死、冷氣腥焰襲人不可近、一已無角、如截去、一額有竅、大若當三錢、如斧鑿痕、悟室欲遣人截其角、或以為不祥乃止、

戊午夏、熙州野外濼水、有龍見三日、初於水面見蒼龍一條、良久即沒、次日見金龍以爪托一嬰兒、兒雖

為龍所戲弄，畧無懼色。三日，金龍如故、見一帝者乘白馬紅衫玉帶，如少年中官狀，馬前有六蟾蜍，凡三時方没，郡人競往觀之，相去甚近而無風濤之害。熙州嘗以圖示劉豫，劉不悦，趙伯璘曾見之。

是年五月，汴都太康縣一夕大雷雨，下冰龜亘數十里，龜大小不等，首足卦文皆具。

阿保機居西樓，宿氊帳中，晨起見黑龍長十餘丈，蜿蜒其上，引弓射之，即騰空夭矯而逝，墜于黄龍府之西，相去已千五百里，纔長數尺，其骸尚在金國内庫。

悟室長子源嘗見之、尾鬣支體皆全、雙角已爲人所截、與予所藏董羽畫出水龍絶相似、蓋其背上鬣不作魚鬣也、

悟室第三子撻撻勁勇有智、力兼百人、悟室常與之謀國、蒲路虎之死、撻撻承詔召入、自後執其手而殺之、爲明威將軍、正月十六挾奴僕十輩入寡婦家烝焉、悟室在闕下（金都也）、其長子以告、命械繫于家、悟室至、問其故、曰、放偷敢爾、悟室命縛杖其背百餘、釋之、體無傷、虜（金）法縛者必死、撻撻始謂必杖、聞縛而驚、遂

失心、歸室不能坐、呼曰、我將去、人問之曰適蒲路虎來、後旬日死、悟室哭之慟、曰折我左手、是年九月、悟室亦坐誅、

己未年五月、客星守魯、悟室占之、太史曰、不在我分野、外方小哉無傷、至七月、魯兖宋滕虞諸王同日誅、

庚申年、星守陳、太史以告宇文、宇文語悟室、悟室時為陳王悟室不以為怪、至九月而誅、「曆示應天道如此

金人科舉、先於諸州分縣赴試、詩賦者兼論作一日、經義者兼論策作三日、號為鄉試、悉以本縣令為試

官預試之士、唯雜犯者黜、牓首曰鄉元、亦曰解元、次年春分、三路類試、自河以北至女真皆就燕、關西及河東就雲中、河以南就汴、謂之府試、試詩賦論時務策、經義則試五道、三策一論一律義、凡二人取一、牓首曰府元、至秋盡集諸路舉人于燕、名曰會試、凡六人取一、牓首、曰勅頭、亦曰狀元、分三甲曰上甲中甲下甲、勅頭補承德郎、視中朝之承議、上甲皆賜緋、七年即至奉直大夫、謂之正郎、第二第三人八年或九年、中甲十二年下甲十三年、不以所居官高卑、皆遷

大夫、中下甲服綠、例賜銀帶、府試差官取旨、尚書省
降劄、知舉一人、同知二人、又有彌封謄録監門之類、
試闈用四柱、揭綵其上、目曰至公樓、主文登之以觀
試、或有私者、停官不叙、仍决沙袋、親戚不回避、尤重
書法、凡作字有點畫偏旁微誤者、皆曰雜犯、先是考
校畢、知舉即唱名、近歲上中下甲、雜取十名、納之國、
中、下翰林院重考、實欲私取權貴也、考校時不合格
者、明牓其名、試院欲開、餘人方知中選、後又置御試已會試中選
者皆當至其國都、不復試文、只以會試牓殿廷唱第
而已、士人頗以爲苦、多不願往、則就燕徑官之、御試

之制遂絕又有明經明法童子科然不擢用止於簿尉明
經、至於為直省官事宰執、持筆硯童子科止有趙憲
甫、位至三品、
省部有令史、以進士及第者為之、又有譯史、或以練
事、或以閥節、凡遞勑或除州太守、告令史譯史送之、
大州三數百千、帥府千緡、若兀术諸貴人除授則令
宰執子弟送之、獲數萬緡、
北方苦寒、故多衣皮、雖得一鼠、亦褫皮藏去、婦人以
羔皮帽為飾、至直十數千、敵三大羊之價、不貴貂鼠、

以其見日及火、則剝落無色也、

初漢兒至曲阜、方發宣聖陵、粘罕聞之、問高慶緒渤海人曰、孔子何人、對曰、古之大聖人、曰大聖人墓、豈可發、皆殺之、故闕里得全、

燕京茶肆設雙陸局、或五或六、多至十、博者蹴局、如南人茶肆中置棊具也、

此下添三條

○自上京至燕二千七百五十里、上京即西樓也、三十里至會寧頭鋪、四十五里至第二鋪、三十五里至阿薩鋪、四十里至來流河、四十里至報打孛堇鋪、七十

里至賓州、渡混同江七十里至北易州、五十里至濟州東鋪、二十里至濟州、四十里至勝州鋪、五十里至小寺鋪、五十里至威州、四十里至信州北、五十里至木阿鋪、五十里至没瓦鋪、五十里至奚營西、四十五里至楊相店、四十五里至夾道店、五十里至安州南鋪、四十里至宿州北鋪、四十里至咸州南鋪、四十里至銅州南鋪、四十里至銀州南鋪、五十里至興州、四十里至蒲河、四十里至瀋州、六十里至廣州、七十里至大口、六十里至梁漁務、三十五里至兎兒堝、五十里至沙河、五十里至顯州、五十里至軍官寨四十里至惕隱寨、四十里至茂州、四十里至新城、四十里至麻吉步落、四十里至胡家務、四十里至童家莊、四十里至桃花島、四十里至楊家館、五十里至隰州、四十里至石家店、四十里至來州、四十里至南新寨、四十里至千州、四十里至潤州、三十里至舊榆關、三十里至新安、四十里至雙望店、四十里至平州、四十里至赤峯口、四十里至七箇嶺、四十里至榛子店、四十里至永濟務、四十里至沙流河、四十里至玉田縣、四十里至羅山鋪、三十里至薊州、三十里至邦軍店、三十五里至下店、四十里至三河縣、三十里至潞縣、三十里至交亭、三十里至燕、自燕至東京一千三百十五里、自東京至泗州一千三十四里、自雲中至燕山數百里、皆下坡、其地形極高、去天甚近、

[redacted]金之待中朝使者使副日給細酒二十量罐、羊肉八斤、果子錢五百、雜使錢五百、白麵三斤、油半斤、醋二升、鹽半斤、粉一斤、細白米三升、麵醬半斤、大柴三束、上節細酒六量罐、羊肉五斤、麵三斤、雜使錢二百、白

米二升、中節常供酒五量罐、羊肉三斤、麵二斤、雜使錢一百、白米一升半、下節常供酒三量罐、羊肉二斤、麵一斤、雜使錢一百、白米一升半、

天眷二年、奏請定官制劄子、竊以設官分職創制立法者、乃帝王之能事、而不可闕者也、在昔致治之主、靡不皆然、及世之衰也、侵冒放紛、官無常守、事與言戾、實由名喪、至於不可復振、逮聖人之作也、剗弊救失、乘時變通、致治之具、然後煥然、一新、九變復貫、知言之選、其此之謂矣。太祖皇帝、聖武經啓、文物度數、

曾不遑暇太宗皇帝、嗣位之十二載也、威德暢洽、萬里同風、聰明自民、不凝於物、始下明詔、建官正名、欲垂範於將來、以為民極、聖謨弘遠、可舉而行、克成厥終、正在今日、伏惟皇帝陛下、上性孝德、欽奉先猷、爰命有司、用精詳訂、臣等謹按當唐之初、治朝品位爵秩、考覈選舉、其法號為精密、尚慮拘牽、故遠自開元所記、降及遼—宋之傳、參用講求、有便於今者、不必泥古、取正於法者、亦無狗習、今先定到官號品次職守、上進御府、以塵乙覽、恭俟聖斷、曲加是正、言順事成、名實實舉興化阜民於是乎在凡新書未載並乞姑仍舊貫徐用討論繼此奏請臣等顧惟虛薄講究不能及遠以塞明命是懼償謂埃有取伏乞先次頒降施行答詔曰朕聞可則循否則革事不憚於改為言之易成之難政或譏於欲速審以後舉示將不刊爰自先皇已頒明命順攷古道作新斯民欲端本於朝廷首建官於臺省豈止百司之職守必也正名是將一代之典章無乎不在能事未畢朕躬嗣承懼墜先猷惕增夕厲勉圖繼述申命講求雖曰法唐宜後先

之一揆、至於因夏、固損益之殊途、務折衷以適時、肆於古而累歲、賡同乃繹、僅至有成、掇所先行、用敷衆聽、作室肯構、大上御名第遵底法之良、若綱在綱、賡彌有條之紊、自餘款備、繼此、施陳已華乃孚、行取四時之信、所由適治、揭為萬世之常、凡在見聞、共思遵守、翰林學士韓昉撰詔書曰、皇祖有訓、非繼體者所敢忘、聖人無心、每立事於不得已、朕丕承洪緒、一紀於茲、祗適先猷、百為不越、故在朝廷之上、其猶草昧之初、比以大臣力陳懇奏、謂綱紀以未舉、在國家之何觀、且名可言而言可行、所由集事、蓋變則通而通則久、故用裕民、宜法古官、以開政府、正號以責、實效著儀而辨等威、天有雷風、辭命安得不作、人皆顏閔、印符然後可捐、凡此數條、皆今急務、禮樂之備、源流在茲、祈以必行、斷宜有定、節惟先帝、亦鑒微衰、神豈可誣、方在天而對越、時由異偶、若易地則皆然、是用載惟、殆非相反、何必改作、蓋嘗三復於斯言、皆曰可行、庶將、一變而至道、乃從所議、用創新規、維茲故土之風、頗尚先民之質、性成於習、遷易為難、政有所因、姑宜仍

舊漸析胥效翕致大同凡在邇遐當體朕意其所改創事件宜令尚書省就便從宜施行

宋兗諸王之誅韓昉作詔曰周行管叔之誅漢致燕王之辟茲惟無赦古不為非豈親親之道有所未敦蓋以惡惡之心是不可忍朕自惟沖昧猥嗣統臨蓋由文烈之公欲大武元之後德雖為否義亦當然不圖骨肉之間有懷蜂蠆之毒皇伯太師宋國王宗磐族聯諸父位冠三師始朕承祧乃緊協力肆登極品兼綰劇權何為失圖以底不類謂為先帝之元子常

蓄無君之禍心，昵信宵人，媥爲姦黨、坐圖問鼎、行將美兵、皇叔太傅領三省事兖國王宗雋、爲國王親、與朕同體、內懷悖德、外縱虛驕、肆已之怒、專殺以取威、擅公之財、市恩而惑衆、力擯勳舊、欲孤朝廷、卽其所疎、濟以同惡、皇叔虞王宗英、滕王宗偉、殿前左副點檢、渾覩會寧少尹胡實剌郎君石家奴、千戶述离古楚等競爲禍始、舉好亂從、逞躁欲以無厭、助逆謀之妄作、意所非冀、獲其必成、先將賊其大臣、次欲危其宗廟、造端累歲、舉事有期、早露端倪、每存含覆、第嚴禁衛、載肅禮文、庶見君親之威、少安臣子之分、蔑然不顧、狂甚自如、尚賴神明之靈、克開社稷之禍、日者叛人吳十、稔心亂稱、授首底亡、爰致克奔之徒、乃窮相與之黨、得厥情狀、孚於見聞、皆由左驗、以質成莫、敢詭辭而抵讕、欲申三宥、公議豈容、不慎、一兵羣兇悉殄於今月三日、已各伏辜、并令有司、除屬籍訖、自餘詿誤、更不躡尋、庶示寬容、用安反側、民畫衣而有犯、古猶欽哉、予素服以如喪、情可知也、

陳王悟室加恩制詞曰、貴貴尊賢、式重儀刑之望、親

親尚齒、亦優宗族之恩、朕俯追羣情、祗膺顯號、爰第景風之賞、孰居台曜之先、凡爾在廷、聽予作命、具官屬為諸父、身相累朝、蹈五常九德之規、為四輔三公之冠、當艱難創業之際、藉左右宅師之勤、如獻兆之信蓍龜、如濟川之待舟楫、迪我高后、格于皇天、屬正統之有歸、賴嘉謀之先定、緝熙百度、董正六官、雍容以折肘腋之姦、指顧以定朔南之地、德業並古茂今罕倫、追茲慶賜之頒、詢及僉諧之論、謂上公之加命有九、而天下之達尊者三、既已兼全、無可增益、乃敷求於載籍、仍自斷於朕心、扶以造朝、前已加於異數、坐而論道、今復舉於舊章、蕭相國賜詔不名、安平王肩輿升殿、併茲優渥、以奬耆英、於戲、建無窮之基、則必享無窮之福、錫非常之禮、所以報非常之功、欽承體貌之隆、共對邦家之祉、

皇后裴摩申氏謝表曰、龍袞珠旒、端臨雲陛、玉書金璽、榮畀椒房、恭受以還、淩兢罔措、恭惟道兼天覆、明並日升、誠意正心、基周王之風化、制禮作樂、煥堯帝之文章、俯矜奉事之勞、飭遣光華之使、溫言奬飾、美

覩重仍、顧拜命之甚優、懃省躬而莫稱、謹當恪遵睿訓、益勵肅心、庶幾婦道之修、仰助人文之化、右朝撰、

渤海賀正表曰、三陽應律、載肇於歲華、萬壽稱觴、欣逢於元會、恭惟受天之祜、如日之升、布治惟新、順夏時而謹始、卜年方永、邁周歷以垂休、臣幸際明昌、良深抃頌、遠馳信幣、用申祝聖之誠、仰冀清躬、茂集履端之慶、

夏國賀正表曰、斗柄建寅、當帝曆更新之旦、葭灰飛管、屬皇圖正始之辰、四序推先、一人履慶、恭惟化流

中外、德視邇遐、方熙律之載陽、應令候而布惠、克凝神於窔奥、務行政於要荒、四表無虞、羣黎至治、爰鳳闕届春之早、協龍廷展賀之初、百辟稱觴、用盡輸誠之意、萬邦薦祉、克堅獻歲之心、臣無任云云、大使武功郎没細好德、副使宣德郎李膺等齎表詣闕以聞

高麗賀正表曰、帝出乎震、方當遂三陽之生、王次於春、所以大一統之始、寰㝢之内、歡慶皆均、恭惟中孚應天、大有得位、所過者化、閲衆甫以常新、不怒而威觀庶邦之率服、茂對佳辰之復、備膺諸福之休、臣幸

謹
太上御名
昌期遠居外服上千萬歲壽會莫預於臚傳同
億兆人心但竊深於善祝〻、使朝散大夫衛尉少
卿輕車都尉賜紫金魚袋李仲衍奉表稱賀以聞、
右松漠記聞正續二卷、先君銜使十五年、深陷窮
漠、耳目所接、隨筆纂錄、閒孟公庚發篋汴都危變
歸計、創艾而火其書、秃節來歸、因語言得罪柄臣、
諸子佩三緘之戒、循陔侍郯、不敢以北方事置齒
牙間、及南徙炎荒、視膳餘日、稍亦談及遠事、凡不
涉今日強弱利害者、因操牘記其一二、未幾復有

私史之禁，先君亦枕末疾，遂廢不録。及柄臣蓋棺，弛語言之律，而先君已齎恨泉下，鳩拾殘藁，廑得數十事，反袂拭面者，著為一篇。紹興丙子夏，長男适謹書

松漠記聞補遺

~~僞中廟諱不嚴不許人犯嘗有~~武弁經西元帥投牒，誤斥其諱，杖背流遞。武元初只諱旻，後有申請云：旻，閔也。遂併閔諱之。

僞金國中丞唯掌訟牒，若斷獄、會法，或春山、秋水，謂去國數

亦里逐水草而居處從駕在外、衛兵物故、則掌其骸骼、正國則歸其家、諫官並以他官兼之、與臺官皆備員、不彈擊、外道雖有漕使、亦不刺舉、故官吏贓穢略無所憚、至法文武官不以高下、凡丁家難未滿百日皆差監関稅州、商稅院、鹽鐵場、一年為任、謂之優饒、其稅課倍增者、謂之得籌、每一籌轉一官、有歲中八九遷者、近有止法不得過三官、富者擇課額少處、受之或以家財貼納、只圖遷轉、其不欲遷者、於課利多處除歲額外、公然分之、金人有罪犯者不責降只差監鹽場課額雖登出賣甚遲雖任滿去官非賣盡不得仕至有十年不調者無磨勘之法每一任轉一官以二十五月為任將滿即改除並不待闕

北地虜凡張獻甫作太原都軍、都監也其姊夫劉思與侍郎高慶裔為十友之數張有一犀帶｜國初錢王所獻者號鎮國寶帶是正透中間龍形

契丹重骨咄犀犀不大萬株犀無一不曾作帶紋如象牙帶黃色止是作刀把已為無價天祚以此作兔

鶻中國謂之腰條皮插垂頭者、鹿頂合燕以北者方可車須是未解角之前才解角血脈通冬至方解頂之上為合正須亦作合好者有人字不好者成八字有髓眼不實北人謂角為鹿角合頂為鹿頂合南中止有鹿角合南鹿不實定有髓眼不可車北地角未老不至秋時不中

麋角與鹿角不同麋角如駞骨通身可車却無紋生枝不比鹿皆小鹿頂骨有紋上下無之亦可熏成紋

犀有三種重透外黑有一暈白中又黑世艱得之正

透、又曰通犀倒透、六曰花犀、或斑犀有遊魚形諸犀中水犀最貴、（秀州周通直家、有正透犀帶、其中一點白以紙燈近之即時滅、有濕氣疑是水犀、）

耀段褐色、涇段白色、生絲為經、羊毛為緯、好而不耐豐段有白有褐、最佳、駝毛段、出河西、有褐有白秋毛最佳、不蛀、冬間毛落、去毛上之麤者、取其茸毛皆關西羊為之、蕃語謂之𦏁𦍧、北羊止作麤毛、

先忠宣松漠記聞、伯兄鍥板歙越、遵來守建鄴、又刻之、暇日庚閱故牘、得北方十有一事、皆曩歲侍

傍親聞之者，目曰補遺，附載於此。乾道九年六月二日，第二男資政殿大學士、左中大夫、知建康府、江南東路安撫使兼行宮留守遵謹書。

松漠記聞終 卷下

此處應添入
[illegible]
一條之後

女真多白芍藥花、皆野生、絕無紅者、好事之家采其芽為菜、以麵煎之、凡待賓齋素則用、其味脆美、可以久留、無生薑、至燕方有之、每兩價至千二百、金人珍甚、不肯妄設、遇大賓至、縷切數絲寘楪中、以為異品、不以雜之飲食中也、

西瓜形如匾蒲而圓、色極青翠、經歲則變黃、其瓞類甜瓜、味甘脆、中有汁尤冷、五代史四夷附錄云、以牛糞覆棚種之、予攜以歸、今禁圃鄉圃皆有、亦可留數月、但不能經歲、仍不變黃色、鄱陽有久苦目疾者、曝乾服之而愈、蓋其性冷故也、

關西羊出同州沙苑、大角虬上盤至耳、最佳者為臥沙細肋、北羊皆長面多髯、有角者百無二三、大僅如

指長不過四寸、皆目爲白羊、其實亦多渾黑、亦有肋細如箸者、味極珍、性畏怯、不觝觸、不越溝塹、善牧者每羣必置羖䍽羊類頭（羖䍽音古力、北人訛呼羖爲骨）、仗其勇狠、行必居前、遇水則先涉、羣羊皆隨其後、以羖䍽羶風、故不食、生達靼者大如驢、尾巨而厚、類扇、自脊至尾或重五斤、皆骨脂、以爲假熊白、食餅餌、諸國人以它物易之、羊順風而行、每大風起、至舉羣萬計、皆失亡、牧者馳馬尋逐、有至數百里外方得者、三月八月兩剪毛、當剪時如欲落絮、不剪則爲草絆落、可撚爲線、春毛不直錢、爲氈則蠹、唯秋毛最佳、皮皆用爲裘、凡宰羊但食其肉、貴人享重客、間兼皮以進、必指而夸曰此潛羊也、

扈從東巡日録

[清] 高士奇 撰

提要

《扈從東巡日録》，［清］高士奇撰。二卷。高士奇（一六四五—一七〇三）字澹人，號江村、竹窗等。清初浙江錢塘（今杭州）人。早年家貧，後隨父母流寓京師。以貲入太學，記名翰林院，後以國子生供奉翰林院，以詹事府録事供奉内廷，後以内閣中書舍人供奉南書房。康熙二十一年（一六八二），康熙皇帝東巡，高士奇隨從。以見聞所逮，約略志之。回京後把一路經歷整理成書，名曰《扈從東巡日録》。自京師至大烏拉虞村（今烏拉街）逐日記録行程及地理、歷史沿革、物産、民俗、氣候等。其關於長春石碑嶺完颜婁室神道碑的記載，較《柳邊紀略》還早。此書有康熙年刻《清吟堂全集》本，藏遼寧省圖書館。另外有《四庫全書》本等。曾收入《遼海叢書》《長白叢書》等書中。

爲盡可能保存古籍底本原貌，本書做影印出版，因此，書中個别特定歷史背景下的作者觀點及表述内容，不代表編者的學術觀點和編纂原則

余既承乏總修明史攬其君臣事蹟至於乘輿出入巡幸蒐狩尤謹書之而其國初文淵諸臣如楊文敏金文靖輩率嘗扈從行在時時召語或遇山川扼塞立馬論議於史家法皆得備書其事不獨以爲其臣之榮凡所以彰其君接近儒者寵之帷幄賚以腹心雖在道塗猶其勤如此可以爲簡冊之光也康熙二十一年春
上東巡省謁
陵寢翰林侍講高君澹人實從歸則以其紀載諷詠之所爲作輯錄卷帙以示余觀其馳驅關塞流連豐鎬鋪陳

帝業之艱難。誦述民風之勤苦。靡不言之成文。歌之
成聲。而出入翠旂羽林之間。
行宮帳殿。有讌見之語。有賡載之歌。考之文敏文
靖諸人。所未有焉。余在右史職也。微潛人記載
而諷詠之。且猶將求得其事。書之簡編。藏之石
室金匱之中。況乎其言之可傳於後也。
主上親近儒臣。引之密勿深嚴之地。一時
君臣感會。啓沃嘉猷。有外庭所不及知者。微潛人紀
載之文。諷詠之言。即使求得其事。書而藏之。其
得如潛人之所自爲言。而可傳于後者歟。則言
之關於彰君之美。而以爲簡冊之光者。不綦重

且亟歎余既受而讀其書喜而爲之序康熙二

十一年九月望日高郵陳廷敬拜譔

皇帝御寓二十有一年武功耆定中外乂寧

九廟畢饗

山陵用告於是仲春既望

乘輿發京師越八旬爲仲夏四日

駕歸自東臣民胥慶維時豐鎬舊臣暨熊羆虎賁宿

衛之士與扈從者以數千百計而漢文臣則

內廷供奉侍講高君澹人及侍讀學士孫君屺瞻

與書三人而已道路所經各有紀載既歸而侍

講以所撰日錄上下二卷示余余受而卒業愾

然以嘆曰：從來扈蹕朝陵，儒臣之榮遇，而跋履
關塞，馳驅險阨，極喬山瀚海之雄觀，循金戈鐵
馬之舊地，稽之史乘，自昔罕聞。余自媿荒陋，弗
文，不能發爲瓌瑋沉博之辭，以信今而傳後。是
編鋪陳經曲，歌詠盛美，證事必核，辨物必詳，以
視中郎建寧之記，徒述威儀，明禮意者，不尤爲
卓絶矣乎！自
永陵展謁以後，
車駕巡視邊徼，兼講春蒐之禮，書偕部院諸臣，被
命還留都祗候，因以其間延訪故老，畧觀
開天肇造，築壘誓師，與夫三路克敵之遺跡，而侍講

獨從
鑾輿備歷松花混同白山黑水諸勝聞見益異紀事益奇蓋有遼金元史志所未具載而胡嶠薛映諸人所未嘗敘錄者余覽之俯仰駭愕恨不獲一至其地以慰宿昔海外九州之慕而吟誦三復目盪而心移所得斯已多矣若夫
行宮帳殿顧問時殷
天章睿藻倚席輒和以及八句之內
皇上奏記
兩宮親御翰札披覽章疏秉燭夜分凡外廷諸臣耳日所不能及者侍講皆一一珥筆而記之讀是

編者上以揚
聖德下以摛國典大以鏡形勝小以別物産胥於是有考焉豈特斤斤志一時陪車託乘之盛事已哉康熙二十二年三月既望京江張玉書拜撰

自古英武不出世之主必巡行畿甸登陟山川審覽風俗周知民隱一除壅蔽之習而憂深思遠之臣又必以深居端拱相勸戒乘輿輕發伏輦固爭由是守成恭儉之君閉深宮遠車馬非郊祀大典不敢出治及末俗怠安自喜日與嬪寺親暱而賢士大夫至扞隔不相見雖有軍國大計不過從中可否其奏而已爲害可勝言哉

大抵爲人君者雖身居九重必周乎四海之大
察夫萬物之情然後耳目無不達左右之人莫
敢肆其欺則所以審慮於出不出之間者又烏
可忽乎我
皇上神武睿哲遠邁前古削平反側顯承謨烈驅馬
豐鎬躬祀
山陵所以告成功昭
祖德也迺以今年仲春望日六轡東巡
諸王大臣扈
蹕萬甲雲從特命內廷供奉翰林侍講高君叅行幄
朝夕

上前不離馬首所過山川郡縣阨塞要害之地必與侍講撫今追昔究論興衰治亂之由而詠懷古蹟流連景光則覼灑宸翰用紀名勝侍講必倚馬磨盾以和如告祭三陵則有詩望祭長白山醫巫閭山則有詩過盛京舊宮則有詩弔夷齊廟及呂翁山駐蹕山海關大凌河望月遼城戲遊千山皆有詩

御製諸篇外廷小臣不可得而見也所及見者侍講奉和諸作與賜侍講一絕句云六御東巡海上同夜深懷古帙重開秘書日日隨行殿玉勒前頭珥筆來觀此則知君臣賡和之美一時遭遇

之榮雖古人殆有所不及矣當
大駕之東巡也自
京師至
奉天抵烏喇虞村往返萬有餘里中間所舉大典
禮則告成
陵園祭望山川宴勞諸臣於
奉天宮門外百戲具陳恩賚普遍又以餘閒射虎
於山漁魚於淵行圍講武威加遠邇計其時月
出以仲春入以仲夏不過八十日事耳
六龍馭風神迅莫測所過市肆不移禾麥無恙又
賜租釋罪歡動遠邇何其盛歟嗚呼後代端拱之朝

席安枕息身不出乎宮闈目未覩乎禾稼間或
鑾輿一出必徵兵衷甲重圍簇布翠華鄭重日
移數里國勢日就孱弱武備不講而大事以去
不重可歎哉侍講讀書覽古從來强弱興亡之
故灼有深鑒故於關河邊腹之間廣搜前史旁
及山經地志歷歷紀載用彰我
皇上英武遠略垂戒於萬世者實大豈僅以詩詞誇
雄麗也然其篇章典博已與
宸翰相輝映天下後世必傳誦於無窮豈予株守一
經者所得測識乎哉揚州弟汪懋麟拜題
翰林院侍講錢唐高君澹人以康熙二十一年

恭扈從
天子東巡告成功於
三陵歸成日錄二卷其友朱彝尊受而讀之作而曰古者君出史載筆士載言蓋必有文學之臣從周之蒐於岐陽也時則有若史籀爲之詩漢之狩於方嶽也時則有若班固有若崔駰有若馬融爲之頌不惟是也昔唯叔之寳鬲鼎銘曰唯叔從王南征叔邦父之簠銘曰用征用行用從君王凡護與扈從者至銘之彝器以永厥世期以鋪揚盛美於無窮自古然矣君侍
禁闥久親見

聖天子命將四出誅鋤不庭授方略於萬里之外宵衣晚膳不自暇逸君亦未嘗息偃休沐一日弛威弧戢天戈疆宇悉定辰旂星罕有事山陵從容豹尾之後賡天章答顧問惟君實侍左右君之遇亦榮矣雖然踰山海而北極乎松花之江荒塗深淖車漸而馬蹶羽林材武之士蓋有不勝疲乏之者君以一書生執鞭靮日夜隨侍帳殿不少後又以餘力拜颺賦咏考山川之阸塞覽戰爭之迹訪金源宮闕所在證以舊史至殘

碑斷碣。靡不摩挲讀之。非有倍萬人之才者能之乎。

天子命君侍從。允爲得人。君之所記。方之古銘詩無愧。其可傳於後無疑也。爰請鏤諸板。以爲載筆載言者法。秀水弟朱彝尊拜譔。

泰畤汾陰揚生之賦扈從岱宗梁父應氏之紀
登封但隨豹尾之班得載穎毫之管恭逢
皇上神武洗兵孝思尊
祖既羽干之洽化必俎豆以昭虔鐃曲揚休升歌
九廟椒馨報本展謁
三陵遊複道之衣冠薦精禋於七庿於是關山迢遞
泝源窮長白之靈豐沛經過望氣識巫閭之鎮
千旂萬乘粲以成章七萃八神布而襍沓道路
之所躋涉輪蹄之所往還健若天行疾如電發
四千里外華胥若水之區八十日中太乙鉤陳
之列乃有臣朔陪車孫通杖策隨身筆研近侍

鑾輿。載路旌旟。獨攜書卷乘內廐之馬。躡景追風。給
尚膳之餐。珍羞玉粒自維單素。獲覩威儀既邀
不世之榮宜著非常之典。顧志闕遼左。文獻無
徵。蹕警康衢。閭閻難問。惟就見聞所逮約略志
之。總其時物。參以前史。公私兩載。逐日成編。蔡
中郎述體上陵。以示學者。金文靖記行北轍傳
在藝林。以臣不文。方之增愧。繕本既就。題曰扈
從東巡日錄云。康熙二十一年壬戌五月望日。
內廷供奉翰林院侍講臣高士奇謹序。

扈從東巡附錄

余扈從東行。歷松花江上旬有餘月。目覩土人日用飲食生殖之殊。因考辯名實而詳書之。附日錄後。用廣異聞焉。錢唐高士奇

亞拉桂紫

樺木箱也。山多樺木。土人取爲笥以盛衣物。如木如革。文理蔚然。不假緣采

攤他哈花上

麻布紙也。烏喇無紙。八月即雪。先秋搗敝衣中敗苧入水成毳。漉以蘆簾爲紙。堅如革。紉之以蔽戶牖

你撾哈蘇姑厄圖枯

魚皮衣也海濱有魚名打不害肉疎而皮厚長數尺毎春漲溯烏龍江而上入山溪間烏稽人取其肉爲脯裁其皮以衣無冬夏襲焉日光映之五色若文錦

薩喇

木板鞋也長尺許以皮鞔之歷雪磧峻嶺逐獸如馳

摩母羅

木椀也如盂如鉢斲痕麤備薦食陳嘗無貴賤咸需之

差非

木匙也長四寸銳上豐下削木爲之燎以火使曲

雜佩帶上以代箸

服寺黑

木甑也狀如盆口廣二尺許底差歛於口稜其孔

以引氣置粟於中蒸而始舂非炊器也

猛姑襪

瓦罇也高六七寸腹大如缶口小如錢短項而甃

足其質土其聲木產自高麗此方珍之以貯蘆酒

威護

小船也獨木虛中銳其首尾大者容人五六小者

二三人持兩頭槳左右棹之亂流而渡

摩呼郎

煙囱也相木之竅穴者截如柱樹土炕外引爨煙出之覆以筐以避雨雪若巨表然

䕶主

木槽也刳木如舟可受水石許横置爨側以代盆盎

法喇

扒犂也車而無輪犂而有稍載不以盈險不以傾冰雪時利用焉

搽不蝦喇

燈架也取三丫樹斷而倒置之一莖直立鑿以銜燈

梭兒合得

高麗几也平其腹稜其緣高可七寸廣二尺餘屈戌鍵之可支可折

石杭

木桶也截大木空其中以釀酒以腊虀

呼拙

柳斗也編柳條爲之用以汲泉量粟

[illegible]他姑兒哈非

烏喇草也塞路多石磧復易沮洳不可以履縫革

爲履名烏喇烏喇竪足不可裹濘有草柔細如緜摘而捶之實其中草無名因用以名

他四哈阿落火

莨菪草也莖如麻葉小而銳花如木綿結實不可食食之令人狂走

哈食馬

拉姑水族也似蝦有螯似蟹無甲長寸許産溪澗土人謂天厨之珍歲薦陵寢必需焉

英莪

紅草果也結實纍纍如桑椹甘好可食叢生原隰間或言鷃哥關多此草遂名傳訛爲英莪也

一兒蔦木克

花兒水也因色以名碧葉敷地實綴葉上淺紅而鮮望之如落花片片其味甘多汁人爭食之

烏亦

老鴉眼也幹柔葉小結實圓如珠色紫而味酸樵者採以止渴尙方舊制嘗漉其汁爲膏以錯珍

交烏郎

麅子尾也菌屬巨木雨餘所蒸含苞而毳狀若芝味甘膩土人間見不出乎獸故名

伽爾客

蓼芽菜也烏喇地寒及秋即無生菜取蓼花子濕

之覆以剉草置炕側燠蒸生芽如綫色微紅其味辛辣

諸申木克

滿洲水也滿洲舊稱諸申呼水爲木克法取蔬作虀置木桶中和鹽少許以水溢之其汁微酸取以代醯

飛石黑阿峰

黏穀米糕也俗重跳神祭品此爲上獻色黄如玉味膩如脂頗香潔跳神之家主婦主鬯而男擊鼓佐之無親疎男女環觀祭畢雜坐分糕如受餕餽遺鄰里若重貺然

詹𠦑努力

米兒酒也或即蘆酒炊穀爲糜和以麯蘖須臾成

醞朝釀而夕飲味少甘多飲不醉

希爾百勒

稗子米也塞田甚𡽱稷稻不生故種蒐稗亦自芃

芃可愛需火焙而始舂脫粟成米圓白如珠

嫣龍膩盟

蘇子油也種若紫蘇而葉不紫列畦如樹穀實離

離擷而舂之炊熟置葦籠中載以木盤壓以巨石

斗實得油數升

蝦棚

糠燈也即穀糠油滓和以米汁附蓬梗上狀如燭而長十倍燃之青光熠熠煙結如雲以此代燭

扈從東巡日錄卷上

內廷供奉翰林院侍講臣高士奇

康熙二十一年正月十七日

上諭禮部比年以逆賊吳三桂背恩反叛擾亂地方仰荷

祖宗在天之靈默垂庇佑克奏蕩平應躬詣

山陵展祭以告成功前初聞捷音即詣

孝陵行禮茲奉

太皇太后慈諭

太祖

太宗山陵亦應親往祭告隨命議政王貝勒大臣等

會議僉謂事關大典允宜舉行今擬即諏
太祖
太宗山陵虔申昭告用展孝思應行事宜及需用各
項着各衙門速行備辦爾部即遵諭行特諭次
日
欽點隨從諸臣臣士奇供奉
內廷例當扈蹕友人寵斯行也得賦行詩若干首
○翰林院學士兼禮部侍郎張英一首○峰連長白
影嵯峨○送了東隨警蹕過萬騎雲屯看渤海三
春冰泮渡遼河龍門史筆登臨助燕國詩篇扈
從多

聖主恩深豐沛日屬車常和大風歌。

詹事府詹事兼翰林院侍讀學士沈荃一首。頻年宿衛直居中禁此日東巡扈翠華路遶青山森木葉江連黑水漲松花六龍過沛恩弘烈七乘隨鑾屬大家漫詠皇華持節去巫閭北望渺雲霞。

國子監祭酒王士禛一首。翠華聞喜出蕭關扈蹕名高法從班萬騎羽林隨豹尾幾人玉斧侍龍顔風雲自護長陵邑王氣遙連木葉山共道千城賜牛酒羨君載筆屬車還。

左春坊左贊善兼翰林院檢討徐乾學一首。才

于趍丹禁承
恩歷歲年曾隨雲輅出再奉日車旋遼海看綿曠橋
陵拜吉蠲
聖情歡宴鎬
廟略重巡邊石砮徵時古牛魚入饌鮮三韓風尚樸
百濟地形便下馬時揮翰行圍亦佩韔白山明
霽雪黑水積寒烟欲續虞衡志將搜宛委編層
霄
天語切行殿主恩偏還軫逢朱夏懷人寫碧箋榴花
午日讌景物正清妍
○翰林院編脩陸棻二首萬騎臨遼海連雲栁岸

長山園

靈寢綠花鮮
御轍香委珮趨輪殿賡歌繼栢梁空慚留滯者相憶
紫遊。韁。灤江春水潤。誰念舊征袍此去乘陽令
相香落建業月深龍蜒泗風颸鄒川桃翠蓋登
長白銘碑屬綠毫。
○翰林院編脩杜訥一首。才雄倚馬隨
仙蹕。豹尾雲中第一班東出榆關應賦海北經華表
自銘山陵園地迥風烟潤豐沛春深草木閑帳
殿頻年書盛事縹囊又滿屬車還。
○翰林院檢討毛奇齡四首。朔衞嚴清蹕

東巡簡從官持衣陪萬乘橐筆侍
三壇仗扈龍驤遠江迴鴨綠寒豐人雞犬在彌望郎
長安。御路通瀋海
鑾輿狩盛京掞天流漢藻訂地出秦城班借千山影
詩題五國名長楊勞
聖眷早有射熊情。豫動迎花壘春深聽柳旗敷文須
蘇翰前史著高驪策市張僉事歌傳來護兒十
三山下駐回首一相思。才子傳供奉
皇恩逮近臣百神黃道合二月翠華春鐵嶺追仙校
凌河少凍人杏花山畔發石點屬車塵。
翰林院檢討嚴繩孫南浦詞一首。披香侍從鎖

朝隨宮漏暮宮鴉忽報翠華春豫紫塞度銀沙
千里旌旗隼野簇雞翹五色亂雲霞趁六龍飛
處極天紅雨江水泛梨花　還憶鳳城三五共
華燈明月醉天家此際長楊羽獵獨自騁妍華
行矣青門鞭影度關山新柳萬行遮待歸來又
是纖指紅藥夢天涯

○纂修明史主事汪懋麟一首。古之英主每巡狩。
八駿騰驤出天廄有時倉卒不載書卽以儒臣
置左右東馬嚴徐何足論少室山人有匡救宜
公所遇非所期劉子連篇苦煩糅吾愛侍講學
問醇內殿深嚴達宵晝宮中草木且不言何況

籌邊與平寇以此敬慎
九重喜客勅飛箋必親授詩書陳說當几筵筆札淋
漓上袍袖功成治定告
宗祖不爲蒐苗獮圍囿
詔令侍講豢龍駒曰惟汝才足先後春雲如蓋長白
高春水如油鴨波皺外藩君長爭來迎海鳳天
吳雜文繡歡呼二日三列圍殪得黃羊與青獸
特取上殺獻
陵廟較勝含桃供何餖日斜鼓角還御營一騎封章
更宣奏古來勤政如此稀好向轅門待星宿
大理寺左評事高層雲四首春深花信逝吹寒

黄屋東臨地軸寬太乙神祇歆
九廟鈞陳羽衛肅千官直皁漢祀登梁父還秩周禋
禮泰壇玉殿詞臣重扈蹕建標天潤出三韓遼
陽北抵開原路形勝依然紫氣深大漠驚沙來
滾滾重關怒馬去駸駸十三山外凌丹嶂廿四
屯邊望黑林爲憶振衣雲漢表頓看染翰愜
宸襟稜闕億載閟風霆隧道松楸翠黛扃勢接錦城
通甯篠垠連鐵嶺入青冥平崍薦瑞廻神聰方
鼎升庖協地靈獨謝封泥勤典祀侍臣誰復草
云亭鐃歌莫奏上之回過沛橫汾氣壯哉萬里
直教天馬至四樓會笑野鷹來宮中自舞雲門

樂寨外新添駐蹕臺酒伴共期敲竹下試探東
筍問新栽、
○纂修明史監生支七品俸黃虞稷二首○駸駸羽
騎翊
飛龍○豐鎬耆人望九重日月高瞻新斗極風雲猶護
舊苑封山川乍向圖經見淳樸還疑太古逢獨
羨詞臣能扈從屬車藏筆紀從容○
聖主東巡帝里遙○芳春扈蹕敢言勞千山雪淨齊驅
馬四海波恬正建櫜帳殿恩深親賜傑行宮晝
永獨揮毫
宸遊幾度隨仙仗多少天香染繡袍○

○候選知縣沈皞日徵招詞一首○露濃仙掌重門曉早宣屬車階駕踏遍草芽香籠青絲天馬驕翹石抓龍便飛到十三山下艾帳收時御爐烟想宮袍誰御　雲裡近龍顔邊墻外春嵐翠螺如書待詔賦新詩聽金鈴鷹架將離花已謝覓芳石榴開歸也梅黄雨綠墻西窓好剪燈清話

國子監例監生沈嶙來邇樂詞一首鳳闕雙開龍池九曲住鄰瑣高容我軒窓疎簾靜几花底春風掃徹彩挽禁院道晚撤一刻餘香吹遞計三月楯前摩肩倚玉自慙多少　忽傳扈蹕便聞驪唱秣馬西華草草紙養芙蓉筆裝翡翠打

點封山稿泰松漢栢祀諸陵罷能幾詞臣同到

算歸路長楊賦就又新句好

○錢塘縣學生藍深御街行詞一首春明門外長

楊路五色雲邊賦花騣蹀躞試輕蹄惹得軟紅

吹度夕陽天畔征衫料峭金輦頻回顧　何須

更到蓬山去咫尺仙鑾護清宵帳殿數雞籌此

際共燒蓮炬玉關人遠詞箋十様教翠囊收貯

二月十五日癸巳辰時

上率

皇太子親辭

兩宮畢由東長安門出東直門百官集午門跪送鹵

簿設東直門外五里臣士奇得從豹尾班後諸
王及八旗禁旅以次行旌旗羽葆絡繹二十餘
里雷動雲從誠盛觀也學士臣張英編脩臣杜
訥送
駕至郭外臣英時已得請南還於
上馬前叩辭念臣士奇與學士臣英自康熙十六年
十二月十七日同時入直
大內南書房接步隨侍將及五載晨夕無間一旦
南北分攜馬上言別不禁黯然道出孤山在通
州城東四十里四面平曠一峯挺然水經注云
濡水又東北逕孤山南即此是也

駐蹕采果營月色甚佳。

帳殿清肅恭成紀事一首。昨歲

宸遊來起居春風又喜宿周廬征人不唱關山曲史筆難成封禪書鳳闕㫖來雲尚近龍城數去路還紆遥思芸閣簪花侶君凭朱欄夜月虛

甲午馬首東嚮微風振旆過三河縣。縣近七渡鮑丘臨泃三水故名三河舊城在今治東三里。被水衝廢後唐長興三年盧龍節度使趙德鈞改置於此。元禮部郎中王約有重建三河講堂記亦以縣城遷於後唐明宗云。

駐蹕賢渠莊。

乙未曉行雲氣未開盤山嵐翠縹緲不辨頗憶去歲暮春扈從出喜峰口道經薊野賜遊竟日崖壑崚嶒林木茂密時有細泉出峭壁下濺濺草石間自作溪聲精舍禪房巖栖谷隱淨業菴在山林蔽芾中更爲幽遠私念旅食長安十六七年幽尋罕遘何時高卧北牕枕上看山萬慮伏息斯爲最樂今乃遙聯山阿似託浮雲謝客可一歎也亭午微霽過別山山巔三壘尚存土人云是前朝防秋墩燎之所

駐蹕玉田縣城東按玉田古無終國無終山在縣治西北四里一名翁同山搜神記載有陽翁曰雍

伯雒陽人于山下汲水作義漿行者皆飲三年有人就飲遺以石子一升使于高平有石處種之徐氏者爲右北平著姓有女人多求之不許雍伯試求徐氏笑其狂乃云以白璧一雙當可爲婚雍伯至種石處得白璧五雙徐氏大驚以女妻之今水中白沙玉工取以治玉

丙申

駐蹕豐潤縣城西自玉田至此八十里中地多汀渚時有凫鷺飛鳴上下麥隴稻塍疇壤繡錯志稱馬頭山萃山諸勝未得一登是夜雲黑無月周廬幕火望若繁星也

丁酉

駐蹕王家店東北灤州界也春寒甚厲擁絮不寐襲以重裘思沽村醪飲之夜深不可得

戊戌

駐蹕盧龍縣范家莊北地皆沙磧微風驟起則驚塵撲面

上泛舟灤河至孤竹城城方廣無幾中有夷齊廟殿庭廊廡畢備史稱伯夷叔齊不食周粟餓死首陽山按書傳所載首陽山凡五各有按據莊子曰首陽山在岐山西北馬融曰首陽山在河東蒲坂華山之北河曲之中曹大家注幽通賦云

夷齊餓於首陽山在隴西戴延之西征記云洛陽東北首陽山有夷齊祠今在偃師縣西北說文云首陽山在遼西若山海經所載首陽之山其上多金玉無草木毛詩唐風采苓采苓首陽之巔汲冢瑣語曰晉平公至於澮見人乘白驂八駟以來狸身而狐尾問師曠師曠曰其名首陽之神飲酒霍太山而歸見之甚善則河東蒲坂之首陽山當爲夷齊採薇處其餘或同名者今瞻拜廟貌皆服冕旒非其志也廟後清風臺高據懸崖平臨灤水長松翠栢交蔭臺側隔岸小山有孤竹君廟大小沮水出兩山間與灤河

合流漁人網罟時時集此取灤鯽徑尺鮮鱗一方珍味京師爭購以入食單恭和

御製夷齊廟詩史遷著列傳夷齊迺居首忼慨念聲施青雲期不朽祗行與立名茲言亦藉口敝蹝視千乘身後復何有西山云恥周北海亦避紂抗懷天地間踽踽絕儔偶遐尚渺疇昔憑弔獻童叟附會採薇跡洛陽或隴右適來孤竹城廡宇崇丹黝攝衣歷虛堂儼然肅冠綏白日黯堦除寒煙生几牖寂寂荒祠春頑懦咸奔走粤稽祥符中加以侯封久古人如有知一笑同芻狗借問墨胎祀奚若芳蹤壽猗歟清且仁千秋艮

獨守

己亥渡灤河經永平府城南永平古孤竹國秦漢時爲右北平地李廣曾守北平夜出見虎彎弓射之沒羽比明乃知爲石今府城東南十五里峰巒峭拔下多溪谷射虎石其遺跡也

駐蹕撫寧縣城西

庚子過撫寧縣郭外多喬木參差睥睨經渝關驛爲唐之渝關去山海關六十里以渝水名故又曰臨渝關綱目所載唐太宗征高麗回從飛騎三千人馳入臨渝關道逢太子進新衣即此地耶午後微雨清埃

駐蹕二十里鋪夜聽海潮聲殷然鞺鞳意甚慨慷念
古人抱書挾劍從軍萬里號爲壯遊今寰宇澄
平
六龍巡幸所過皆豐沛之地臣忝列侍從蒙
恩更渥此又千載一時勉哉此行敢惜況瘁耶
辛丑出山海關關本元時遷民鎭故明中山王
徐達守燕相度地形築爲關隘門通一綫雉堞
兩亘北山南海四塞險固
上顧臣士奇曰山海爲畿輔第一雄關前代竭天下
征輸以供兵戍之用我朝定鼎燕京内外一家關
門清晏無所用其險矣臣士奇奏曰臣聞前代自

萬曆以來。君臣交安。將帥失和。其治邊以能名者。不過脩繕城壕。多築墩堡。糧餉徒致虛糜。兵馬全無核實。恃山海居庸紫荆等關爲門戶。而黨錮紛爭。生民日蹙。流寇李自成以烏合之衆。一呼京師不守。險之不足恃也明矣。

皇上求治不遑。惟務脩德。又能遠鑑前失。社稷蒼生之福也。關西平野。即我兵破李自成處。出關數里有姜女祠。祠前土丘爲姜女墳。望夫石在其側。昔秦皇包并六國之後。命將蒙恬。塹山堙谷。築長城萬餘里爲北界。殫役驪山。銀海金鳧。爲萬世計。道陳涉一夫作難。秦祚亡滅。牧豎求羊

遺火寶衣一炬不若姜女荒祠。片石千載矣。是
日行圍樺皮山。
皇上親射三虎。
皇太子年甫九齡。引弓躍馬。馳驟山谷間。矢無虚
發見一虎射之立斃。萬人仰瞻。莫不震頌。自此
每合圍時射虎甚多不能盡紀
駐蹕王保河。奉觀
御製山海關詩。恭和進呈。歷代稱重險相沿置內邊
喜峰沙氣擁碣石海雲連壁類千丁鑿門容一
箭傳詎知
龍躍日應是鹿亡年赤羽飛軍壘黃花捲戍煙綢繆

終失守燹代迅乘權永奠鰲爲極長披錦作川休哉清晏久扃鑰自天然又題姜女祠詩二首

海畔荒祠對夕曛昔痕深淺上羅裙三千闕盡阿房寵那得人傳姜女墳咸陽原上早飛灰玉匣珠襦事可哀爭似空山一坏土香魂猶作野花開

壬寅遲旦海日欲出朝暾變幻散若綺霞接顧之頃淼然四徹海光浩淼極目無際昔荀中郎羨在京口登北固山望海云雖未覩三山便自使人有凌雲之氣今東臨偶在近猶扶桑覺蓬萊方丈隱隱欲出也父老言桃花島崒峰孤嶼

遼峙海濱前朝海運必泊艘於此然相去已復不知其幾千里矣是日

駐蹕中後所

癸卯

駐蹕寧遠城西寧遠河在西北山谷間南流至城西合爲二派環抱城郭三首山在城東二里三峰相峙狀若人首上有渟泉四時不竭寧遠城倚此爲固明宣宗時始分廣寧前屯中屯二衛地於曹庄湯池北置寧遠衛屬遼東都指揮使康熙三年改爲寧遠州城中居民比屋梵剎華整祇樹相望塔碑可辨多是前朝鎮帥所建

甲辰

駐蹕錦縣杏山西七里河是日

上行圍所過松山連山塔山呂翁山皆

太宗文皇帝用武之地昔

文皇帝屢攻錦州及松山杏山等城未下崇德六年八月復率大兵自松山杏山至敖忻河南山駐營綿山亘海橫截大路明總督洪承疇巡撫丘民仰總兵王樸李輔明唐通白廣恩曹變蛟馬科王廷臣吳三桂等共率騎兵四萬步兵九萬計十三萬人營於松山城乳峰山之上

文皇帝先遣諸貝勒大臣各以精兵伏於杏山連山

塔山及沿海諸要路親率數騎相視情形往來指揮立馬黄蓋下明將士望見悉戰栗膽喪以爲戰則力詘守則糧匱合謀夜遁我兵發伏追擊盡破明兵十三萬於呂翁山下去松山三四里許陸地殺敵四萬有餘自杏山迤南沿海至塔山一帶赴海死者以數萬計浮屍水面如乘潮雁鶩與波上下我兵止傷八人及厮卒二人耳承疇民仰等僅以殘兵萬餘退保松山城我兵復於松山四面掘壕三重困之一夕而成惟三桂率其部下三千人遁去餘俱潰散明年正月遂破松山城生擒承疇民仰廷臣變蛟及祖大樂等

未幾杏山塔山諸守將亦以城降至今經過其處溝壕壁壍歷歷在目而松山城堞盡毀惟遺址宛然仰見

文皇帝神謀睿略猶令人敬懾

天威歎帝王自有真也恭和

御製過呂翁山詩風霆迅掃

六師移高壘星羅控領宜此地孤軍銜白璧當年合隊捲朱旗廚沙直眺三關迴列石廻看八陣奇正喜普天消戰伐

文孫親歷頌開基

乙巳清明憶昔人所云馬上逢寒食也關塞地

寒草甲未拆依依短柳色變微黃

上憇小凌河河水澄澈初聞雷聲細雨旋霽暮渡大凌河

駐蹕東岸大凌河去錦州四十里明宣宗時於河側增置中左千戶所與錦州爲犄角錦州者以城西有錦川水故名我

太宗文皇帝天聰五年秋七月聞明總兵祖大壽與副將何可剛等率山海關外八城兵脩築大凌河城晝夜督工甚力因議舉兵攻之兵分兩翼圍大凌河城射書城中招大壽降大壽抗命屢戰不克

文皇帝令我兵佯爲錦州援兵距大凌河城十里各執旗幟向錦州馳逐揚塵大壽果信爲援軍至率兵出迎爲伏兵所掩擊躡踵入城閉門不敢復出越數日明遣太僕卿監軍道張春總兵吳襄鍾緯等統馬步兵四萬來援渡小凌河卽掘壕列車盾鎗砲軍容甚盛明日

文皇帝率兩翼騎兵直衝敵營敵不爲動兩軍接戰砲若轟雷矢發如雨我右翼兵突馳張春營敵兵稍挫吳襄及其副將桑阿爾寨等先奔餘仍堅壁以待我左翼兵避敵砲矢不從汛地衝擊亦踵右翼兵進遂破其營截殺四十里方兩軍

鏖戰時
文皇帝遣人於敵營東發大砲火箭突有黑雲起且
大風向我軍敵乘風縱火勢甚熾及既逼我陣
天忽雨反風敵倉皇失措被焚死甚衆我兵復
抵其歸路盡殲之陣獲張春及副將張弘謨楊
華徵薛大湖等惟春不屈但求速死
文皇帝義之冬十月令陣獲各官以己意爲書招大
壽會大凌河城内糧絕薪盡軍士皆殺修城役
夫及商民爲食析骸而炊又執軍士之羸弱者
殺而食之援兵不至大壽方議降獨何可剛不
從大壽令二人掖出城外就我諸將前斬之可

剛顏色不變含笑就死城內饑人爭啖其肉大
壽遂降
文皇帝待之甚渥十一月縱大壽入錦州令其獻城
以廝卒二十六人隨行大壽至錦州復叛崇德
六年命鄭親王濟爾哈朗武英郡王阿濟格貝
勒多鐸等以大兵圍錦州每城一面駐立八營
遶營俱掘深壕壕畔脩築垜口兩旗中間又掘
長壕界之近城設邏卒哨探如是者年餘及松
山破後錦州城內糧食俱盡至人相食大壽戰
守計窮始率衆出降至今過望錦水猶疑是唐
宗美良川宋祖清流關也康熙元年以錦州爲

錦縣。屬奉天府四年增設錦州府。縣屬府治。是
日恭和
御製駐蹕大凌河詩。雲梢羽蓋夜停
鑾古渡春冰望裏看歲月已休新戰鼓山川猶記舊
征鞍天高漏轉千屯肅野曠星連萬幕寒
睿藻横汾真不羨微臣珥筆和應難
丙午過杏山。
駐蹕閭陽驛。是日會闈題名錄至。奉
命取閱。是科會試天下舉人。中式金德嘉等二百名。
按金史閭陽本遼之乾州廣德軍以奉乾陵故
名奉陵縣。天會八年廢州更名閭陽有凌河有

遼景宗乾陵。今則驛舍荒凉，居民鮮少。遥望十三山，峰巒挺拔。且時逢改火，節候驚心。因憶去歲清明扈從馬蘭峪，今歲又在此處，遂賦念奴嬌一詞以寄興云：年華幾許，恁芳春兩度，不曾憐惜。古戍黃雲嘶馬去，客裏又逢寒食。冷雨攢衣，顛風掣帽，俄頃前村失。瓦鑪松火，恁時儘也消得。　凝想水國繁華，畫裝羅扇，處處喧歌席。柔櫓嘔啞花影外，綠膩葡萄千尺。異地今朝，傷心楊柳，纔露些兒翠。十三山下，伴人一片窮石。丁未曉霧濛濛，咫尺不辨。行亂山中，意謂不能見醫巫閭山色也。頃之日出，經廣寧城。按遼史爲顯州奉先軍上節度本渤海顯德府地遼世宗置以奉顯陵者東丹人皇名倍小字圖欲（一作突欲）遼太祖長子讓位於弟性好讀書平生愛醫巫閭山水購書數萬卷藏茲山絶頂名望海山（一作望海堂）世宗因爲建陵蕭太后合葬焉中作影殿制度弘麗其後世宗亦葬於此金時升爲廣寧府改軍名鎮寧置節度天德二年隸咸平後廢軍隸東京明改爲廣寧衛康熙三年設廣寧府附郭爲廣寧縣四年廢廣寧府以縣屬錦州府城南廬舍略存城北皆瓦礫惟李成梁石牌樓尚存鐫鏤表搆亦極人工之巧醫巫閭山在

城西五里昔虞舜封十有二山之一即幽州之鎮也其山掩抱六重又名六山上有桃花洞又有聖水盆三水懸崖下灘雖冬不冰仙人巖飛瀑巖北鎮廟在山下呂公巖在廟內金蔡太常珪有詩云幽州北鎮高且雄倚天萬仭蟠天東又云但在林梢看鳥背不知身到碧雲中今從馬上仰首見巖岫青翠於遼西諸山中獨饒奇秀聞有蝌斗碑惜未得磨崖一讀也板橋河發源此山有二其一流遶衛城北其一流遶城南俱東南合蘆溝河及雙峰河入海有唐文皇屯兵傳興在城東南三十里東風作寒急雨催暮

夜更變雪。
駐蹕廣寧縣羊腸河東。遼史有羊腸河隸始平軍。源出白雲山卽此。是日奉觀
御製望醫巫閭山詩恭和進呈。雲根結鰲岫削成千芙蓉馬頭望盤鬱干霄不數重掛流飛白練插石羅青峰前有拱揖狀疑列大夫松有姚旣軒瑞岱華同時封。秩祀先帝神精禋繼六宗星軺今四遣迴盼駐蒼龍煙萬若圖畫暇遊豁襟胸又得倦尋芳詞一首。幾晴便雨試暖𣷹寒。禁煙時候。一抹泥金烘染夕陽林岫。嘆韶光隨逝水。鶯花轉眼成辜負。數郵籤。恁茫茫過盡羊腸人

首。羊腸河人首山逕所經也西湖曲釣磯無恙。買片春帆欲歸難驟。何處封侯。幾度陌頭楊柳。憶得今宵燈燼睛小窗。曾夢遼西否。乍聽殘五更風。乳鴉啼又。

戊申冒雪曉行。天寒如嚴冬。騁望數十里。絕無村落。平川曠野。如萬頃銀沙。或高或下。少焉雪霽。雲影零亂。回顧醫巫閭諸山。積素晴嵐。別是一境。

駐蹕滚腳兒

三月朔己酉

駐蹕白旗堡。地多雉兔。無源水。新鑿百井。以供行營。

綆長泉淺。殊苦不給。

庚子

駐蹕遼河。又名句驪河。河西爲遼西。河東爲遼東。源出靺鞨北諸山中。經塗山至洪州崖頭牛家莊。出梁房口入海。河上有小城。名開城。本朝初定遼時所築。是日

上漁於句驪河。獲魚甚多。遍賜扈從諸王大臣從官侍衛有差。行營雖無所膾具。然錦鱗潑刺。無不烹鮮者。

辛亥

駐蹕永安橋。先是從瀋陽至遼河。百餘里間。地皆封

泥淖下。不受車馬。故自廣寧至瀋陽。向以遼陽
爲孔道。
太祖高皇帝初定瀋陽。命旗丁修除疊道。廣可三丈。
由遼河一百二十里。直達瀋陽。平坦如砥。師旅
出入便之。疊道外仍多葑泥。永安橋去今奉天
府三十餘里。側有新碑。紀修除疊道之工。屹然
在望。土人名爲大石橋者是也。
壬子。凌晨微雨。
車駕過
盛京。城中鹵簿盡設。觀者塡塞道路。咸頌太平
天子。是日謁

福陵
昭陵畢。復入城。觀舊時宫殿。謹按天聰十年丙子夏
四月。内外貝勒文武群臣。以征服朝鮮。混一蒙
古。兼獲玉璽之瑞。宜上尊號。以順民心。勸進再
三。
太宗文皇帝重違衆意。降旨許可。仍有益勤國政。恪
共乃職之諭。於是具儀注。擇吉於四月十一日
乙酉。祭告天地。受
寬温仁聖皇帝尊稱。建國號爲大清。改元爲崇德元
年。朝賀禮成。
頒詔大赦。定宫殿名。以中宫爲清寧宫。東宫爲關雎

宮。西宮爲麟趾宮。次東宮爲衍慶宮。次西宮爲
永福宮。臺上樓爲翔鳳樓。臺下樓爲飛龍閣。正
殿爲崇政殿。大門爲大清門。東門爲東翊門。西
門爲西翊門。大殿爲篤恭殿。東牌坊爲文德坊。
西牌坊爲武功坊。大殿之側。東西各創五亭。爲
諸貝勒大臣議政之所。規模宏整。華而不侈。儉
而合度。仰窺
文皇帝經營創業。有典有則也。
皇上御製過舊宮詩一首。臣士奇恭和進呈。倚天屏
構勢穹窿。山海群輸景物雄。豐水君王周十世。
沛宮父老漢歌風。金榼玉觴雲常蔚。繡桷丹甍

雪始融擬賦東京須十載憑臨發巳動
宸衷
駐蹕
盛京城東北按金遼古爲幽營二州之域春秋戰國並屬燕秦置遼東遼西二郡漢因之武帝拓朝鮮地增置元菟樂浪眞番臨屯四郡其時縣邑甚多晉以後慕容氏據之歷隋至唐入高麗渤海至遼金建都州縣之數倍於前代元時已有名存城廢者明初罷州縣置衞益與前制不同卽史文亦多闕略今奉天府本明之瀋陽中衞及定遼中左前後東寧海蓋鐵嶺三萬遼海

十一衛地屬遼東都指揮使司。順治十四年設
奉天府於
盛京城内。領州一縣五六。
癸丑謁祭
福陵。在
盛京城東二十五里。山形迤邐。初不甚高。入大紅
門。地忽弘敞。山勢峻拔。磴道屈折。深邃高聳。幽
窅莫測。玉衣石馬。赫若神靈。佳氣喬林。鬱葱五
色。自殿外望之。則百水迴環。衆山俯伏。群趨爭
赴。拱會朝宗。洵天建地設。爲億萬年之神丘也。

駐蹕

盛京城內。

甲寅告祭

福陵禮成。

皇上御製五言排律十韻。臣士奇恭和進呈。遥岑開

碧甸疊嶂擁

珠宫祀典千秋右

巡行二月東迴瞻蒼藹合俯瞰曲流通地是排雲上

天因列柱崇干戈今載戢玉帛舊來同式廓郊

岐業長貽鎬雒功升馨昭

聖武執鬯展

宸衷兩序陳弘璧諸藩撫大弓壇壝當太乙草樹邁

新豐仰答開基遠勤勞有
聖躬是日天氣晴暖惠風和暢念學士臣張英欲於
此日登舟南去遂賦送行詩六首率爾對字五
經春玉蝀橋頭蹕後塵何意高情謝太傅楚將
山水乞閒身關山三月柳初黃遙想離筵餞一
觴悔却東郊
天仗下馬蹄分處太匆忙同日叨趨侍從班忽隨六
轡度渝關相思只隔句驪水已送雲帆一片還
白玉螭頭殿角西朝朝退直話山棲君今一枕
華胥夢不用披衣聽曉雞細草如茵燕子飛桃
花水漲憶漁磯龍眠山下溪流潤誰信春來放

艇歸蘭舟桂槳去遲遲行盡殘春花落時好趁

江南梅子雨銀刀斫鱠和蓴絲

駐蹕

盛京城內。

乙卯謁祭

昭陵。在

盛京城北八里許。山非陡峻。而規模爽朗。阜接岡

連。下臨城闕。雉堞樓觀。無所不見。平川廣陌。水

滙沙明。延首

闕宮。雲霞蒸駿。松栢叢駢。豐沛老臣。尚有冉湖之慟

也。

駐蹕
盛京城內
丙辰告祭
昭陵禮成
皇上御製五言排律十二韻臣士奇恭和進呈龍蟠
依斗極鳳翥豁群方野氣青環拱山形翠遶揚
丹洲虞瑞啟赤伏漢符長盪滌逾三紀安全徧
八荒玉衣先協兆石馬漸開疆報本弘規闡迎
神雅樂張詒謀綏率土
孝治格穹蒼複道松爲埒豐碑蘚作房覲瞻何限喜
舞蹈有如狂殷室歌來享周庭頌我將鑾儀傳

彩仗羽衛列軍廂媲立鵷鸞末欣聞劍珮鏘是

日

賜諸臣宴於

盛京大清門奏樂陳百戲

恩賜有差既告成功復宣大賚非惟漢廷角觝貫則

虞階羽干觀瞻者無不抃舞云

駐蹕

盛京城內

扈從東巡日錄卷下

內廷供奉翰林院侍講臣高士奇

丁巳

鑾輿發

盛京過撫順舊堡敗壘蓁莽中居人十餘家與鬼倀爲隣惟一古刹塑像猙獰未經焚燬爐香廚火亦甚荒涼過之黯慘時聞驚風虎尾欲豎撫順在奉天府東北八十餘里前朝敗圖盡於此矣

駐蹕琉璃河

戊午

皇上行圍過洼轟木（漢語爲鐵背山）崇山巨阜峰崿橫雲磊磊石崖連續不斷渾河湯湯一線圍繞薄暮策馬涉河河流甚駛月色如晝行十餘里至薩爾滸（山名）山勢雄峻侍從老臣爲言昔我

太祖高皇帝初建義旗築城其上開闢疆土攻破撫順俘其游擊李永芳明總兵張承乱率兵來戰我兵斬之於清水溝聲勢大震明遣經略楊鎬巡撫李維翰及總兵劉綎馬林王宣杜松李如栢分四路進兵如栢出清河松出撫順兵次渾河半渡我軍決上流湧斷明兵復潛發其後車火藥以全寨精力設伏洼轟木與松大戰松沒

於陣宣等死之如栢全師而遁乃乘勝攻開原
鐵嶺二衛不俟俄頃百雉俱亡林及僉事潘宗
顔副將昔鎮以下皆死之經自牛尾寨堵截我
軍戰於馬家寨我軍退一百二十里堅壁相拒
高皇帝遣人佯張撫順軍旗幟傳言杜將軍戰勝來
合兵經未及擐甲遽令開營我軍驟入以五千
人合圍自巳至酉經力不能支面中一矢又纖
一刀畢命有劉招孫者經帳下卒也負經尸手
挾刄與我軍相格亦被殺於是我軍遂乘破竹
之勢攻陷瀋陽衛進兵遼陽遼撫袁應泰合西
北浙蜀之兵列大營於城外以禦我軍我軍佯

爲不勝使恇怯者嘗之明兵矢石將盡乃麾精銳蒙重鎧策勁騎以衝之明兵即鳥獸散惟西蜀石柱土司女將秦邦屏所統者計不顧返力戰死之兵薄遼陽城應泰列銃於睥睨間自置一大銃在城樓上身處其中不濟將以身殉未幾發銃火反內炎銃手先斃乘城者羣譁士卒皆潰應泰乃發所自置銃雉經於樓上我軍入城御史張銓被執不屈而死遂定遼東壬戌之春渡三岔河攻廣寧城與明兵戰於河上明兵大潰克廣寧城經略熊廷弼遼撫王化貞以數騎走嘗攷明季以來驟加遼餉至八百餘萬竭

天下之財。以奉東北一隅。不惜數十萬金。增募戍卒。未收片甲之用。而兵食兩詘。人民離怨。皆由文武不和。鎮撫二臣。旋遣旋罷。如同奕棋。遂致士氣日索。河山失守。可為殷鑒。我

太祖高皇帝崛起海西。經營草昧。百戰百勝。克創丕基。臣士奇以愚陋豎儒。幸叨

扈從。遍歷關山。得覩

太祖

太宗創業之艱難。且得訪問當時攻取之鴻略。赫赫

神武。此殆

天授。非人力也。爰約略恭紀其事。以志不朽云。

駐蹕札凱

巳未告祭

永陵大雪彌天七十里中岫嶂嵯峩溪澗曲折深林密樹四會紛迎映帶層巒一里一轉時時隔樹窺見行人遠從峰頂自上者下自下者上復有崖岫橫亘嶺頭雪霏雲罩登降殊觀恍如洪谷子關山飛雪圖也

陵後山氣鬱葱樹木叢茂與京相去十餘里城址尚存昔周太王遷於岐山開有周八百年基業茲山地脈深厚氣勢蜿蟺殆我

朝之岐山耶。臣士奇恭觀
御製告祭
永陵詩恭和進呈。陟巘環流轉萬層天開一徑入
園陵。五丁鑿後山容舞千頃奔來水勢騰雪色遠迎
仙仗過松枝低拂
玉輿升鬱葱王氣鍾煙靄
謨烈於今奕葉承是日仍至札凱
駐蹕。

庚申
皇上以謁
陵事畢欲巡視邊疆遠覽形勝省覩

祖宗開創之艱難，兼講春蒐之禮，因率諸王大臣侍衛東行。自此入山。詰曲登陟。無復斥堠。但以馬行記道里。行幕曉起。念是日穀雨。汲山泉。煮所攜龍井茶啜之。蓋西湖之水。以虎跑爲最兩山之茶。以龍井爲佳。穀雨前高阜山中。採茶旋焙時汲虎跑泉烹啜。香清味冽。入都以來。此事久廢。今於絶塞。聊記佳辰耳。

駐蹕嘉祐禪。

辛酉行萬山中。春雪初融。地多泥淖。馬蹄跋涉。登頓爲難。時見千峰崒嵸。屹立天際。澗底寒冰。春深未解。唐人所謂只今河畔冰開日正是長安花落時也老古洞在懸崖下洞口如戸可容二人内爲石室壁石隱然有鑪瓶狀西通十餘步東可里許復露天光有如懸鏡前有河流亂石多具鳥獸禽魚之形舊爲老虎洞近易今名

駐蹕曾家寨

壬戌過哈達城城在衆山間彈丸地耳材木撐鹿甲於諸處每合圍獐鹿數百常開一面釋之

我

朝行圍講武便于習熟弓馬諳練隊伍每獵則以隨

駕軍容布四圍旗色分八部各以章京主之分左右

翼視山谷間適高降深名曰圍塲惟視藍旗所

向以爲分合有斷續不整者卽以軍法治之章
京服色亦隨本旗惟
御前侍衛及內大臣得穿黃褶行圍之法以鑲黃旗
大纛居中爲首
聖駕在大纛之前按轡徐行兩翼門纛相遇則立而
不動以俟後隊漸次逼近謂之合圍緹騎環山
旌旄熠野狐兔麋鹿散走圍中或
皇上親射或
皇太子射之親王大臣近侍非得
旨不敢在圍中發一矢獸有出圍者方許扈從諸人
捕之亭午就山陽張黃幄尚食一日凡兩合圍

約行八九十里遇虎則
皇上親率侍衛二十餘人據高射之無不殪者若虎負嵎則遣犬攖之犬不畏虎隨吠其後或嚙其尾虎伏草間犬必圍繞跳嘷人卽知虎所在也虎怒逐犬出平陸人乃得施弓矢更有侍衛數人持槍步行俟虎被逐中箭必怒撲人隨勢擊刺之亦無不殪者昔人謂虎豹在山其勢莫敵今乃搏之甚易月餘以來殺虎數十前代所未有也

駐蹕哈達河雨晴山碧圓月當空坐聽行漏夜深不寢作箭家詞一首魚尾捎殘兎華生滿遙天淡

汀。薄雲忽送疎疎雨。黑山不斷。銀礫無邊。柳陰誰插青青如許。碎葉當城。倡條蹴地。宛似色籬護。計征途幾千里。此夜偶隨落絮。　最苦沙場當日玉龍按曲萬疊關山白雁題書。一繩鄉路。冷落着盡。鐵衣人老。若箇刀鐶歸去。我今何愁。氈車茸帽靜把更籌數。燒炭獸。炙黃羊。況有瀉壺湩乳。

癸亥道經柳條邊。插柳結繩。以界蒙古。南至朝鮮。西至山海關。有私越者。必置重典。故曰柳條邊也。關口皆設。人十餘家。名耿家莊。出此爲寧古塔將軍所轄。荒山古磧。道甚不行駐蹕鷂鷹坡。

甲子

駐蹕庚格。白草黃雲。瀰漫一狀。牧人遺火。野燒橫烟頃刻異觀矣

乙丑

上諭以時方春深禽獸孕育。圍中禁射牝鹿。仰見
皇上仁民愛物。何處不屆
聖衷哉所過山嶺十餘高卑互傾。短長相接。老樹稠生。連岡蔽澗。立馬崇巒。暮雲千里。不堪回望也。

駐蹕庫魯

丙寅

皇上萬壽節。諸王大臣從官皆詣
帳殿前行禮。風日晴和。
天開瑞旦也。道傍始見春色。穉柳搖青。柔荑結綠。偶有會心。誦蘇子卿隨時愛景光之句。
駐蹕三九山。

丁卯

駐蹕夸蘭山河。山漸平衍。細河屢渡。有蒲瀨水。叢生。枝葉如柳。長不盈尋。川以作箭。不矯作而堅莖。澤之產。不能及也。

戊辰

駐蹕阿爾灘訥門。由開原至烏喇驛道也。自嘉祐禪至此罕有人徑地湫濕黑壤落葉積雪窮年相仍漸成淤泥深者二三尺淺者尺餘兩山積水沉滯不流色如鐵鏽濺衣則赤土人謂之紅鏽水山谷之間淀水渟豬積草凝塵積塵生草新者上浮水際腐者退入汙泥遊根牽惹纍纍成墩馬踏其上則不陷失足則墮水下馬步行庶免蹉跌土人謂之塔兒頭

己巳

駐蹕塞木肯河小阜橫連細流縈繞新增驛道從奉天流人居此作流民嘆將軍重武備曠野開新邊再徙境內民跋涉戍寒煙搖落早無家何堪

更遠遷驅馳數百里囊底無一錢襄糧日不給
鋤鎛多棄捐岑山絶四鄰豺虎時盤旋伐木營
板屋粗具三兩椽連朝雨復落舉室無安眠寡
妻病哀憊丁男衣不全有地皆萊荊于是徒胝
胼長子被官役辛苦恆經年竭而向行客欲語
先潸漣云自江南來未諳嚴寒天微軀歷患難
異域誰見憐聞有寬大詔歸夢猶迍邅藜藿免
飢饑性命聊苟延哀哀嘆煢獨鄉信難爲傳

庚午雨行四十里陂陀微上樹竹斷行一山已
盡一山復來蒼顚爽塽不如日暮。

駐蹕黃河

辛未宿雨未霽行五十里

駐蹕薩龍河夜分不寐偶成扈從雜紀詩四首漠漠荒陂路不分千山立馬對斜曛彩旄時雜巖前樹黃繖遥飛嶺外雲出隊狐狸人共逐合圍麋鹿自成群揚雄羽獵無能賦後乘空慚託

聖君闢山日落解征鞍祗訝重裘客裏單淺草圍中看射虎平沙洲上候停

鑾人迷暮雨歸營晚馬惜障泥渡水難邊地蕭條風景别今宵有夢到長安曠野春深日馭遲獵場近遠奏先知（獵場先遣侍衛看定前一夕書綠頭籤奏明）凌晨清蹕齊分隊薄暮安營各認旗飛鞚金銜馳狗監

雜條繡帽脫鷹師圍中鷹犬。各有專官主之。犬以朱纓金環飾其項。牽者繫之於足。見獸則出臂縱之。鷹以繡花錦帽蒙其目。擎者縮條丁手。見禽乃去帽放之。新飜豔譜天鵝曲旗門鐃吹。多奏海青捉天鵝曲。偏向囘中靜夜吹

東風花信總無憑灌木叢條望眼凝結軔行踪遮洞鑿褰裳去路絕溝塍山寒未減深春雨磵冷常存隔歲冰努力驅馳人尚健三千弱水念何曾

壬申雨初霽。行五十里。長嶺連卷。古木緻密。時有湫隘處。駐蹕蘇敦。

癸酉行七十里。喬林被陂中。有杏樹。高可三四

丈老幹槎枒紅芳半綴方謂異域苦寒已章韶景繁葩細蕚忽到眼前欣然色喜馬上賦金縷曲詞一首絶塞山無數動羈愁馬頭雁底黑雲黄霧拚得今年春草草落盡垂楊柳絮知道是東君留否驀地花開横小阜據吟鞍錯認江村路吹幾點洗紅雨　天斜似解憐人語問春風玉門關外緣何也度緻蘂穠香空艷冶不見蝶圍蜂舞只惹却晴絲牽住已斷青旗沽酒店待嘹嚦畫角頻催去摇鞭影日亭午將至烏喇雞陵

皇上乘鑾輿率

皇太子及諸王大臣從官至江干望長白山行三跪九叩禮畢鼓吹入城駐蹕將軍署内按長白山在烏喇南六百里峰巒綿亘山巔有潭南北五里東西八里淵深莫測南流爲鴨綠江北流爲混同江唐書列傳有馬訾水出靺鞨之北色若鴨頭水經云大遼水出塞外白平山東南入塞卽此山也元人葉隆禮遼志亦云長白山在冷山東南千餘里（今按長白山在冷山西南六百餘里）白衣觀音所居其内禽獸皆白人不敢入恐穢其間以致蛇虺之害黑水發源於此舊爲粟末河遼太祖破晉改爲混同江

皇上以
祖宗發祥之地曾遣侍衛褁糧往探其勝春發秋還具言巖壑清竦松栢蓊鬱固靈仙之窟宅山嶽之神秀也今
國家有大典禮必遣使臣祭告每於此望祀焉奉
和
御製望祀長白山詩神區當紫極毓秀敞珠宫典祀云亭外靈祇陟降中黑河流不盡青海氣遥通封禪寧勞頌升歆拜舞同
甲戌雨
駐蹕烏喇雞陵又因造船於此故曰船廠江卽松花

江滿言松阿喇烏喇者是也松花江源出長白山湖中北流合灰扒江至海西流合混同江入海金史名爲宋瓦江康熙十五年春移寧古塔將軍駐鎮於此建木爲城倚江而居所統新舊滿洲兵二千名并徙直隸各省流人數千戶居此修造戰艦四十餘艘雙帆樓櫓與京口戰船相類又有江船數十亦具帆檣日習水戰以備老羌伊車（滿語以新爲伊車）滿洲居混同江之東地方二千餘里無君長統屬散居山谷間其人勇悍善騎射喜漁獵耐饑寒苦辛騎上下崖壁如飛每見野獸蹤跡躡而求之能得潛藏之所又刺

木爲舟。長可丈餘。形如梭子。呼爲威忽。施兩頭

槳。捕魚江中。往來如駛。

皇上以德撫之。漸歸王化。移家内地。被甲入伍。隸寧

古塔將軍。及奉天將軍部下。亦有入京爲侍衛

者。

乙亥。冒雨登舟。渡松花江。順流而下。風急浪湧。

江流有聲。斷岸頹崖。悉生怪樹。江濶不過二十

丈。狹處可百餘步。風濤迅發。往往驚人。晚際雲

開。落霞遠映。山明水歛。鳳舸中流。

駐蹕大烏喇虞村。去船廠八十餘里。按烏喇即遼時

寧江州。混同軍觀察兵事。屬東北統軍司。金史

太祖克寧江州降移嬾益海路大彎照撒等敗遼兵於婆刺赶山趨達魯古城進攻黃龍府遂克顯州則寧江州在當時亦屬要地元滅金設軍民萬戶府五分領混同江南北明初內附後復各分其地我

太祖高皇帝攻取烏喇地為我有山多黑松林結松子甚巨土産人薓水出北珠江有鱘魚禽有鷹鶻海東青之類獸有麋鹿熊豕青鼠貂鼠之類頗稱饒裕其市以銀布不以錢其居聯木為柵上覆以板復加以草墻壁亦以木為之污泥其上地極苦寒屋高僅丈餘獨開東南扉一室之

內炕周三面熅火其下寢食起居其上雖盛夏如京師八月時地宜稷宜穀宜稗三月播種八月穫刈蓋三月之前地凍未開八月以後須霜殺草計于耜與滌場時不過四月有餘不施糞溉不加耕耨可足終歲之用土膏肥沃可知虞村居人二千餘戶皆八旗壯丁夏取珠秋取蔘冬取貂皮以給公家及王府之用男女耕作終歲勤動亦有充水手拏舟漁戶捕魚或入山採樺皮者其食甚鄙陋其衣富者不過羔裘紵絲細布貧者惟麤布及猫犬獐鹿牛羊之皮間有以大魚皮爲衣者珠蚌生支江山溪中人於五

六月間入水採老蚌剖取最大者充貢其色微青不甚光瑩亦不常有但清水急流處色白濁水及不流處色暗亦往往有得細珠者不敢私取仍投水中然總不及南海之珠珍而且多採人蔘者言於春中生苗多在背陰濕潤處初生小者三四寸許一椏五葉四五年後兩椏五葉未有花莖至十年後生三椏年深者生四椏各五葉中心一莖俗名百尺杵四月有花細小如粟蕊如絲紫白色秋後結子或七八枚如大豆生青熟紅自落採之之法以四月及七月裹糧入山其草一莖直上獨出衆草光與曉日相映

則刨取其根一窠或四五岐或二三岐者種有紫團白條羊角等名惟黄潤堅實俗名金井玉闌者體實味甘斯爲最勝然秋冬採者堅實春夏採者虛軟故今採蔘多在七八月云貂鼠喜食松子在深山松林中一名松狗有黄黑二種紫黑色者蔚而不耀尤爲難得其窟或土穴或樹孔捕者先設網穴口後以烟熏之貂畏烟出奔即入網中又有捕貂之犬嗅其踪跡所在守而不去伺其出齧之此貂皮人蔘之利居人藉以衣食故金史亦稱其地爲富庶云

丙子

駐蹕大烏喇虞村。是日已立夏矣，景風不至，尚服重裘。烏喇故城方廣數里，土墉四面，中有一臺。落日登臨，徘徊寓目，江岸茅屋數間，信步訪之，題爲保寧菴。佛殿三楹，左右僧寮各三間。住僧爲江寧人，雖不識文字，而對客恭謹，獻茶乞詩。爲題二絶句於壁。

野寺荒寒江水濱，門前寂寞長荆蓁。經過莫漫傷岐路，幸是天涯扈從人。

我來異地逢春盡，纔見花開一兩枝。蔓草孤村人跡斷，鄉心遥與白雲期。

丁丑

駐蹕大烏喇虞村。是日

上欲往觀烏稽。因雨不果。訪之土人云。喇平聲毋烏稽。在松花江東可百里許。一曰小烏稽。烏稽者漢言大林也。中皆喬松及樺柞樹。間有榆椴鱗接虬蟠。纓山帶磵。蒙密紛糾。白晝晻昧。霜旦葉彫。略見曦月。樹根亂石。磥砢錯落。疑無道路。車馬過此。爲之躊躇。爲之屢顧矣。人蓡生椴樹下。翠蕤絳實。爛然灌莽間。行者穿林之東隅。自厄黑木站。至喇伐木站。西東四十餘里。皆林徑也。喇伐東行六十里。曰昂邦朶紅。朶紅者渡口也。又東四十里。曰塞入聲赤烏稽。樹稠道峻。倍於喇毋。仰視天日。窔遼如在洞穴中。行渡六十里。始得平原相傳呼爲大烏稽者是也又東四十里曰曷木䢷邏其東北二百餘里有小白山巖岫巘巇冰雪夏積疑卽宋洪忠宣公皓所徙之冷山也忠宣松漠紀聞亦云冷山去寧江州百七十里地苦寒多草木至八月則倒置地中封土數尺覆其枝幹季春出之否則凍死自曷木䢷邏東行百里曰烏黑法喇有巨石黑色橫亘十餘里車馬經其上作磴磴聲傳云下有海眼也又二十里曰必喇汗必喇又七十里曰沙林東南十五里曰火茸城金之上京會寧府也按金史上京路卽海古之地國言金曰按出虎以按出

虎水發源於此故名金源取建國號稱爲内地天眷元年號上京海陵貞祐二年遷都於燕削上京之號止稱會寧府大定十三年復爲上京領節鎮四防禦一縣六鎮一舊有會平州天會二年築契丹之周特成也後廢其宫室有乾元殿慶元宫（天會十三年建）辰居殿景暉門（天眷元年建）敷德殿延光門又有寢殿曰宵衣書殿曰稽古又有明德宫明德殿金熙宗享太宗御容之處太后所居也凉殿皇統二年構門曰延福樓曰五雲殿曰重明東廡南殿曰東華次曰廣仁西廡南殿曰西清次曰明義後東殿曰龍壽西殿曰奎

文復有時令泰和武德薰風等殿與聖（金德宗所居）永祚（金睿宗所居）光興（金世祖所居）等宮正隆二年命吏部郎中蕭彥良盡毀宮殿宗廟諸大族邸第及儲慶寺大定二十一年復脩宮殿建城隍廟以僕東其城按虎水側建皇武殿爲擊毬校射之所雲錦亭臨漪亭爲籠鷹之所今其遺址漸致湮沒吳江吳兆騫天東小紀所載火茸城廣四十餘里中開禁城可里餘三殿基址皆在碎碧瓦基布其上禁城外有大石佛高可三丈許蓮花承之前有石塔向東小欲出大城而西則芰荷彌渚遙進綿渺莫窮其際渚間有亭榭遺跡

豈卽當時之闕庭苑囿耶問之兆壽曰自沙林而東八十里爲寧古塔臨江而居以木爲城地極寒八月卽雪度淸明冰乃解人勁勇重信義道無拾遺人不敢私鬭官民相習獄無桎縶宛然有陶唐氏之風焉自寧古塔東行六百里曰羌突里噶尚松花黑龍二江於此合流有大土城或云五國城或云朝鮮北境近寧古者有安置宋徽欽故城在山頂南燼紀聞言二帝初遷安肅軍又遷雲州又遷西沔州又遷五國城其地去燕京三千八百餘里西上黃龍府二千一百里此城乃漢將李陵戰敗之地今以他書攷

之。地里遠近。不甚相合。姑備載於此。以俟後之攷者。

四月朔戊寅。

駐蹕大烏喇虞村。日暖風恬。客懷休暢。江烟洲草。晴景歷歷。得家信。知老母康健。白雲子舍。欣慰私衷。

己卯

駐蹕大烏喇虞村。薄雨灑盆。江昏雲黑。客舍篝燈。淅瀝終夜矣。

庚辰。晨興。細雨猶零。流雲未散。泛舟江中。草舍漁莊。映帶岡阜。岸花初放。錯落柔烟。似江南杏花春雨時。不知身在絶塞也。

上漁於冷堋。是産鱘鰉魚處。去虞村又八十里。冒雨

晚歸。

駐蹕大烏喇虞村。

辛巳初晴。

駕發自大烏喇虞村。舟行二十里。風雨歘至。駭水騰波。江烟潑墨。舟楫䑶䑶不能行。急就岸停泊。因念幼稚家居。八月望夜登吳山絶頂。觀錢塘江潮。月色橫空。江波靜歛。悠悠逝水。吞吐蟾光。澄澈如練。頃焉風色陡寒。海門潮起。月影銀濤。光搖噴雪。白浪奔飛。聲撼山岳。使人毛骨欲豎。語

云。十萬軍聲半夜潮。艮不誣也。松花江有潮不怒。但逆眼驚心。身共水天飄泊。此際沉吟。塵心頓盡。過午風色稍定。牽纜甚緩。又二十里。登岸覓牛車。上下山崖。刪泥滑難行。至船廠。漏下三十刻矣。賦水龍吟詞以紀之。曉峰新翠飛來錦帆半渡春江檝恰纔回首碧羅天淨弱雲微抹咫尺蒼茫狂飈驟捲怒濤欺雪訝盆灑白雨松林轉黑紅一綫雷車掣　如此風波忽去急迴船渡頭剛欲野爐爭擁征衫未燎薄寒猶怯遼日遺墟金源舊事斷垣殘堞有當年獄納埋錢滿甕聽漁人說（本朝初年。有漁人丁江岸掘得宋錢一甕。）

駐蹕烏喇雞陵。

壬午

駐蹕烏喇雞陵。煙霧連江。積陰不散。乍晴乍雨。頃刻迷茫。信知變幻無常。陰晴難料。世態如此哉。

癸未

駐蹕烏喇雞陵。

上賜鎮守諸臣筵宴。賞賚有差。方

賜宴時。雨晴日出。宴畢復雨。

甲申。江雨初晴。

鑾輿曉發。回望山腰樹杪。白霧噴薄。猶含濕翠。行百二十里渡薩龍河

駐蹕河流不甚濶方當山溪暴漲浮絮難支浩瀚瀰漫急湍如箭小舟競渡自莽蓬驍

乙酉渡英兒門河河本細流以久雨故遂成大川

上親理舟楫扈從諸臣得利涉焉

駐蹕英兒門去此百五十里有大金壯（金史作壯）義王婁室墓神道碑高八尺八寸寬四尺五寸厚二尺二寸頂高三尺上鎸翰林院直學士中大夫知制誥兼行秘書監少監虞王府文學輕車都尉大原郡開國伯食邑七百戸賜紫金魚袋王彥潛撰文奉上大夫大名府路兵馬都總管判官

飛騎尉賜緋魚袋任詢書丹額篆大金開府儀
同三司金源郡壯義王完顏公神道碑其文備
載婁室攻克黃龍府白水濼及與宋軍戰於太
原汜水蕭解富平延綏之功與經史所載無異
末云卒於涇州歸葬於濟州之東南奧按金史
隆州下利涉軍節度使古扶餘地天眷三年改
黃龍府爲濟州以太祖攻遼大軍經涉不假舟
揖也置利涉軍大定三年嫌與山東路濟州同
更名貞祐出此攷之則英兒門亦屬黃龍府故
地也攷金史載任詢字南麓易州人慷慨多大
節書爲當時第一畫亦入妙歷官北京鹽使年

老致仕家藏法書名畫數百軸王彥潛姓名爵里俱不載別載王競彰德人由附安令召權應奉翰林文字兼太常博士詔作金源郡王完顏婁室墓碑競以行狀盡其實請國史刊正之後遷翰林侍講學士攝禮部尚書其名其爵與此不符今碑文鑿鑿可據亦足徵金史之闕略云

丙戌山徑頗幽林巒交映細草野花始知初夏

駐蹕黃河

丁亥

駐蹕伊巴丹遂岑新月野外村煙遊子多懷覽物增慨

戊子

駐蹕小雅哈河地氣稍温草茵初碧倦馬荒途得飽食矣是夕又成扈從雜紀詩四首鎮城南面倚江居長白分來一派餘陊岫曉煙籠紫鼠臨流夜火打鰉魚招來甲士强能挽住久流民籍未除共說年年曾望幸不圖今日度

鑾輿覆茆板屋牗低穿土銼周通短竈煙猿臂丁男多獷徤蛾眉少婦本便娟三餐但煮玲瓏麥穬麥似大麥而大土人與稗米作飯頗滑潤名玲瓏麥獨槳輕操舴艋船貨殖往來惟錙布市中全不識緡錢虎韔陪遊直禁營十三通籍盡知名

御前捧牘初傳奏圍裏彎弓學射生褶剪鵝兒迎日艷翎飜孔雀倚風輕三畋古禮昇平重漫說微行伴富平簪筆囊書渡黑河遐方四月又旬過山坳井臼遺墟在站道雜豚舊俗詭馬給周人牽上駟幕張宮罽載明駝扈從之時蒙給官馬五匹隨從圍人一名氈帳房一架及一應行李皆官駱駝馱載專人掌之仗前時見天顏喜鹿尾熊蹯賜獨多鹿尾熊蹯東方佳味官廚以此爲貴

己丑

駐蹕烏鴉嶺山嵐突兀嶺外雲生復愁陰雨

庚寅雨中過夜黑河見梨花一樹憔瘁含煙爲賦南樓令詞一首淺草亂山稠驚沙黑水流好

春光只似窮秋剛得一枝花到眼冷雨打幾層

休　遥憶小紅樓玉人樓上頭月溶溶吹和香

籌誰信東風欺絶塞都不許把春留。夜黑城在

北山之隈。磚甃城根。亦有子城。尚餘臺殿故址。

又一石城在南山之陽。水草豐美。微有阡陌。相

傳夜黑哈達灰法。皆東方小國。各有君長。我

太祖高皇帝破之。其地遂墟。

駐蹕西塔克圖昂阿。

辛卯

駐蹕威遠堡。即栁條邊汎守之地。奉天將軍所轄也。

彊分內外。地勢漸高。策馬四望。頓履康莊。

壬辰過開原縣城堞雖殘缺而壘石堅固或云是唐時所脩按開元地屬挹婁唐貞觀中以其地爲燕州明皇置黑水州都督府後屬渤海爲上京龍泉府元時改爲開元路明太祖以其地置三萬衛又徙遼海衛於此成祖時於城内置安樂自在二州並屬遼東都指揮使司康熙三年始設開原縣是日

駐蹕三道舖

癸巳過鐵嶺縣頹然一垣僅禦牛馬看花樓在東門外明萬曆間大帥李成梁故園上宇中橫板蕩無存徒四壁立基不數層門上一石橫尺

許。縱倍之質素而文黝梅幹儼然成株。亦一奇也。唐王營在城南十里帽峰山東南。寬平如掌。四週略有遺址。山下小河瀠洄如帶。相傳唐太宗征高麗駐營於此。銀岡書院在城內。龍首山在城東二里許。按鐵嶺古嚚州地也。遼左舊志。有古鐵嶺城在銀州東南五百里。地接高麗。明洪武初仰彼地爲衛。尋徙於此。康熙三年。改爲鐵嶺縣。懿路在城南六十里。古挹婁國故地。是日行一百四十里。所經柴河范河一作汎河小清河其水皆會於遼河也

駐蹕

盛京城内

甲午

駐蹕

盛京城内。天氣暄暖。始謝重裘。

乙未

駐蹕

盛京城内

丙申

上謁辭

福陵

昭陵擬於明日

回鑾矣

丁酉大營仍渡遼河

皇上駕幸遼陽遼陽在春秋戰國時屬燕史記秦始

皇二十五年使王賁伐燕滅之因置遼東郡於

此漢高帝八年封紀通爲侯國漢末爲公孫度

所據北海管寧王烈避地皆依之按度本遼東

襄平人初爲元菟吏舉有道累官遼東太守東

伐高句驪西擊烏桓南越海取東萊諸縣威行

海外自立爲遼東侯平州牧曹操表度爲永康

鄉侯度曰我王遼東何永康也藏印綬武庫中

不拜管幼安至乃虚館以待寧廬於山谷與度

語惟經典不及時事禮讓崇於海表王烈亦有行誼東城人多歸之爭訟者將質之於烈或半塗而還或望廬而還愧使烈聞知也時邴原亦同依度關正格物度以下皆不能安管寧曰潛龍以不見爲德乃遣原還度死傳子康孫淵自稱燕王建元紹漢魏滅之及晉脩高麗後歸慕容垂子寶唐太宗征高麗得遼東城置遼州尋棄不守高宗時又取之置安東都護府後爲渤海大氏所有武后萬歲通天中爲契丹奚忠所逼有乞乞仲象者度遼水自固武后封爲震國公傳子祚榮建都邑自稱震王併吞海北地方

五千里兵數十萬中宗賜所都曰忽汗州封渤海郡王十有二世至彝震僭號改元擬建宮闕有五京十五府六十二州爲遼東盛國忽汗州卽故平壤城也號中京顯德府遼攻渤海拔忽汗城俘其王大諲譔以爲東丹王國立太子圖欲爲人皇王以主之葺遼陽故城以渤海漢戶建東平郡爲防禦州後遷東丹國民居之升爲南京城名天福高三丈設八門幅員三十里南爲三門壯以樓觀四隅有角樓相去各二里金時以爲遼陽府中東京留守司元時以爲遼陽縣明初以其地置定遼中衛及定遼左右前後

東寧五衛並屬遼東都指揮使司順治十年以遼東爲遼陽府内設遼陽縣十四年罷府治康熙三年改爲遼陽州傳甃鈌剝聊覩無存遼時故宫亦惟茂草離離不得過而問矣太子河在城東北[illegible]水經注云小遼水西南逕襄平縣爲淡淵晉永嘉中涸小遼水又逕襄平入大梁水司馬宣王斬公孫淵於斯水之上志云大梁河一名東梁河即太子河也華表山在城東六十里丁令威學道於此去家千年化鶴歸來相傳譙樓上石柱即華表柱也道觀今廢有番僧居焉

駐蹕遼陽城內。

御製和唐太宗遼城望月詩。臣士奇恭和進呈　問夜方未央纖阿升右偈歷歷自榆明周垣象舞綴素景爛搖搖神光逾列缺徙倚有餘清重輪自團結仰矚紓

睿懷喜見欃槍滅

戊戌經廣祐寺博敞弘麗中有浮圖九層去地千尺唐剎也後殿自來佛金像一軀趺坐端嚴相傳昔年侍衛過此佛面有悲容兩目垂泪觀者駭焉是日扈

蹕遊千山竦雨濛濛濕翠沾衣遼左諸山土多石少

此獨積石磊砢。礸岏巉日。峰巒叢疊。以千數計。此山之所由名也。將從斷磵層崖中見芍藥一枝兩枝。微馨暫拂。頓而槃焉。溫泉在叢薄間。祖樾寺在谷口。林木幽秀。入山數里。爲龍泉寺。方丈前有大石如屏。松樹生石罅中。細泉出石壁下。髣髴王右丞泉聲咽危石。日色冷青松之句。尚有大安香巖中惠三寺。及仙人臺羅漢洞諸勝。日晡未及遍歷。聞仙人臺在香巖寺。俯瞰滄海。如布几席。亦奇觀也。得遊千山詩一首。霏雨凌芳晨輕陰散林薄修坂被青茗嵡崔吐紅藥流泉旣濊沸澗石亦齦齶微微仙梵聲三五列

蘭若憩足愜幽賞晚烟張翠幰松欹雲欲墮海靜潮初落緬想平生懷願言遵丘壑矧茲塵外鑣俯仰欣有託

駐蹕几荒屯

己亥

駐蹕牛莊自遼陽至此地多下濕雨後泥潦時困行旅前史所載唐太宗征高麗車駕至遼澤泥淖二百餘里布土作橋以渡既渡撤之以堅士卒之心此處是矣時方晴霽遂無泥淖之患得詠史詩一首貞觀昔馭寓神武耀太平新羅請歸命樂浪遂遄征躬親屬櫜鞬兩旆掛驂衡飛詔

下州縣父老免候迎經過朱蒙祠旋出白崖城錯水復阻峭車騎不得行斬樵築長道援枹乃進兵經略雖底定辛苦良非輕憶當靺鞨鬭嘆惜魏元成常使千秋後獨留直諫名

庚子渡三坌河按遼河出東北小口爲范河西南流爲大口東梁河自東山西流與渾河合爲小口又名太子河亦曰大梁水渾河在東梁范河之間沙河出東南山俱會於此入海故曰三坌河河通潮汐兩岸寬廣遼陽城在河東廣寧城在河西明時於三坌河適中之地設立鎮城以爲聲援後鎮城爲我所得每乘河凍東西攻克曾無界限

矣。

駐蹕沙嶺。廢堡荒涼。井渫不食。六軍駐馬。接淅而行。

辛丑行百八十里。與大營相遇。將仲夏方類

春和。居人荷耒負鋤。勤於農務。所種皆在壠上。

虞爲吹沙所壅耳。

駐蹕壯鎮堡

壬寅路出十三山下。五代史胡嶠北行記云。東行過一山。名十三山。云去幽燕西南二千里。遼史燕王淳討武朝彦。至乾州十三山。皆此地也。前東行時。從獵鷹窩山。僅從遠處望之。未甚了了。頃策騎山嶺。見十三峰。互相起伏。峰勢巉巖。

中無尺樹絕類研山。山頂有池，池下有洞，居人往往避兵於此。金蔡太常珪詩云：間山盡處十三山，溪曲人家畫幅間。今山下有人家，無溪水矣。

駐蹕大凌河西

癸卯

駐蹕七里河。偶作一詩：急水河通慢水河，闢山迢遞幾經過。芊綿芳草無窮綠，盡向殘陽落處多。志云：急水河發源於萬松山之五指山，南流與慢水河合，又二十里與六州河合，南流入海。六州河者，大寧、建州諸水合流爲一者也。

甲辰

駐蹕寧遠城西

皇上於行殿披閲前史示臣士奇

御製遊千山詩三首復

賜臣士奇詩曰六御東巡海上回夜深懷古帙重開

秘書日日隨行殿玉勒前頭珥筆來臣感蒙

異數恭和二首進呈

御覧岐陽罷獵旆旌回錦帕牙籤對御開石鼓未曾

歌

聖德

天章龢賜史臣來詩成雲漢象昭回輦路花隨掞藻

開遠愧承輿行秘監鈔書也自北堂來歸行幕
後再成二首。咫尺
龍顏日幾回漏沉銀箭月華開羽林衛士周廬靜獨
放儒臣自往來山海圖經萬里回覽觀頓使好
懷開豐京舊地行應遍擬學長揚獻賦來

乙巳
駐蹕中後所。

丙午
駐蹕王保河。

丁未將入山海關。過歡喜嶺。在關東三里。一名
。恓惶嶺。言出關者登此則恓惶。入關者登此則

歡喜也澄海樓在關西八里許飛棟承霄層簷接水樓前有臺平臨海岸海水淵湃臺下初望海水深碧萬里無波天風忽來殷雷四振遥見海上銀濤矗立浺瀜沆瀁少近岸則元浪飈飛頹波雲駛登樓下望水及衣裾南史稱張融海賦有湍轉則日月似驚浪動則星河如覆其信然矣昔漢武帝東巡海上方士言蓬萊諸神若將可得遂欲自浮海求蓬萊群臣諫莫能止夫武帝以英明之主惑於方士爲後人所譏笑比○○○者左道朱方旦持其邪說蠱世惑民

皇上毅然誅之以正人心天下稱快孟子曰經正則

庶民與足徵人主好惡關於治亂不淺是日捧

讀

御製觀海詩實寓此意也

駐蹕二十里鋪作澄海樓觀海歌

六龍巡狩滄海東千騎萬騎花五驄長城旣盡插泱漭層樓更上攀穹隆憑闌四望豁遠目惚恍靈變難周窮脈渾太極杳無際初看水面摩青銅轟雷忽動勢震撼耳畔颯颯鳴驚風碧沙騰湧銀濤拆白石斬鑿洪波充廻瀾相砥壁矗立飛沫互起山龍從蒼蔚溢沃雲霧集轉旋上下乾坤通蓬萊貝闕在何所髣髴想像瀇滉中珊瑚

爲粱晴琱礎水晶鏤出馮夷宮介鯨歕浪駕龍
女蒼蛟揚鬐舞海童吐吞螺節光閃閃淵湱鼉
鼓聲逢逢大瀛澄泓散霞綺扶桑照灼初陽紅
登州海市更奇幻須臾臺榭生虛空停鑾古岸
列蘭錡華旗翠羽翍長虹三山靈境疑咫尺蜃
樓縹緲將無同百川朝宗會九野緬維大禹眞
神功
宸遊扈從廣聞見蕩滌心地開塵蒙平生壯志重登
覽北歷窮漠東溟濛愧無廣川賦浩汗木華廣川人作
海賦鬼神筆底爭豪雄我思揚帆縱舟柂濯足萬
里凌沖瀜茫茫大塊百慮集栖託豈敢休微躬

安期喬山事荒忽秦皇漢武心矇矇瞶哉坎德

合

聖度納來弘往合淵沖

五月朔戊申

駐蹕永平府城西輕雷驟雨頓洗征塵天際殘陽斜

懸樹杪

己酉

駐蹕豐潤城西雨過平疇風搖麥浪百里之程寒燠

忽殊矣

庚戌

駐蹕薊州城內

辛亥

駕回京師。由山海關至京師。程途七百餘里。

皇上依戀

兩宫。久違定省。星夜兼程。不辭跋涉。是日躬詣

兩宫問安畢。銅龍已傳點矣。臣士奇啟

奏謝

恩。歸就邸舍。夫臣以山藪鄙儒。遭逢

盛世。追隨勾陳宿衛之中。八旬以來。伏見

皇上於

行帳親書啟覽。候問

兩宫。必敬必誠。久而彌篤。

披覽章奏夜深不倦所過郡邑必問民間疾苦水旱

官吏賢否

聖德巍巍超軼前古豈臣蠡測管窺所能盡述惟就

見聞所及紀其大略庶比古人扈從日錄之義

藉以不朽臣實幸甚